땅투자, 나는 이렇게 1억으로 100억을 만들었다

땅투자, 나는 이렇게 1억으로
100억을 만들었다(개정판)

초판1쇄발행 2018년 5월 15일
2판99쇄발행 2024년 6월 14일

지 은 이 정옥근
펴 낸 이 이기성
편집팀장 이윤숙
기획편집 윤가영, 이지희, 서해주
표지디자인 이윤숙
책임마케팅 강보현, 김성욱
펴 낸 곳 도서출판 생각나눔
출판등록 제 2018-000288호
주   소 서울 마포구 잔다리로7안길 22, 태성빌딩 3층
전   화 02-325-5100
팩   스 02-325-5101
홈페이지 www.생각나눔.kr
이 메 일 bookmain@think-book.com

• 책값은 표지 뒷면에 표기되어 있습니다.
  ISBN 979-11-7048-034-1 (03320)

땅투자, 나는
이렇게 **1**억으로
100억을 만들었다

"예레미야야, 네 숙부인 살룸의 아들 하나멜이 네게 와서 부탁하기를 '너는 우리 고향 아나돗에 있는 내 밭을 사라. 네가 나의 가장 가까운 친척이니, 그 밭을 사야 할 우선권과 의무가 네게 있다.' 할 것이다." (예레미야 32장 7절, 쉬운 말 성경)

당시 예루살렘은 바벨론 군대에 포위를 당해 멸망을 눈앞에 둔 상황이었다. 그러한 때에 예레미야는 그의 사환 하나멜에게서 밭을 샀다.

증서를 써서 인봉하고 증인을 세워 은을 지불하는 등 법과 규례대로 매매 절차를 거친 후, 그 문서는 바룩에게 보내어 오랜 기간 보존하도록 명했다.

나라가 망해, 있는 것도 팔고 떠날 준비를 해야 하는 마당에 돈을 들여 밭을 산다는 것은 이해하기 어려운 일이다. 이는 비록 남 유다가 바벨론에 멸망하겠지만 그것으로 나라의 운명이 끝나는 것이 아니라, 정해진 시간이 지나면 다시 본토로 돌아와 일상의 삶을 살게 될 것이라는 희망이 있었기 때문이다.

이와 같이 토지는 사람들에게 '희망'을 준다.

아울러 토지는 삶의 바탕이 된다.

집도 땅 위에 짓고, 학교도 땅 위에 지으며, 백화점도 땅 위에 세운다.

따라서 토지를 소유한다는 것은 삶의 근본을 소유하는 것이며, 근본이 든든하면 안정적이고 풍요로운 삶을 누리는 혜택을 받게 되는 것이다.

이와 같은 사실을 모르는 사람이 없겠지만, 막상 토지에 투자하려고 생각하면 엄두가 잘 나지 않는다. 워낙에 많은 재정과 충분한 정보가 있어야 하는데 그게 쉬운 일이 아니다.

부동산 몇 군데 들러서 상담을 받아보면 소유한 재정이 부족하거나 재정이 좀 넉넉하다 해도 마음에 드는 물건을 만나기란 쉬운 일이 아니다.

필자는 현재 부동산업에 종사한 지가 20년이 넘었다.

그동안 장만한 토지는 20만여 평 되며, 현재의 시세로 천억 원 정도의 가치가 된다.

그러면, 그렇게 많은 토지를 장만했으면 여행이나 하며 편히 살지 뭐하러 현업에 종사하고 있는지 궁금해하실 분도 있을 것 같다. 그렇다. 여행도 하며 즐겁게 생활하고 있다. 그러나 일하는 게 더 즐겁다.

"知之者 不如好之者 好之者 不如樂之者."

아는 것보다 좋아하는 게 우선이고, 좋아하는 것보다 즐기는 걸 더 우선한다는 말이 있는 것처럼 지금까지의 경험을 풍요로운 미래를 소망하는 분들과 공유하는 게 더 즐거운 일이 아닌가 생각한다.

부산시 연산동에서 처음 부동산을 시작하여 현재 세종시에서 일을 하고 있는데, 이렇게 토지를 장만하기까지 많은 분의 도움이 있었고, 또 일하는 즐거움이 있었기 때문이다.

이 책에는 부동산에 대한 이론적인 지식을 전달하기보다는 그동안에 어떻게 토지를 장만했는지, 장만한 토지들이 도시가 발전하며 어떻게 성장하는지 기억을 더듬어 사실을 토대로 기술하여 독자 여러분이 투자에 응용할 수 있도록 하였다. 바라기는 이 한 권의 책이 풍요로운 미래를 맞이하는 데 도움이 되기를 소망해 본다. 가정과 직장과 경영하는 사업 위에 하나님의 축복이 가득하기를 기원하며, 조용한 시골집에서.

제2장

땅 투자, 어떻게 해야 하는가? · 49

소망하면
땅을
살 수 있다.

PART 1

땅 투자,
언제
시작해야 할까?

01
토지에 저금을 했더니

　　▎▇ 2013년 추운 겨울날 평소 알고 지내는 부
동산을 하시는 사장님 한 분이 사무실을 방문했다. 위의 지적도
를 보여주며 땅이 어떠냐고 묻는다. 도로를 잘 접하고 있고, 도로
와 닿은 면도 넓고, 계획관리지역의 자연취락지구였다.

　　"좋네요!" 하니 현장 한번 가보자고 해서 그러자고 했다. 현장
에 도착해보니 2차선 도로를 잘 접한 땅이 좋아 보인다. 사무실
로 오는 차 안에서 "얼마 달래요?" 하고 물어보니 평당 100만 원

달라고 한다. 웃으며 "시간 잡으세요." 하자 부동산 사장님 하시는 말씀이 "손님을 여럿 안내했는데 진작에 사장님한테 가져왔으면 고생을 덜했을 텐데." 하시며 웃는다. 아마 당시에 평당 100만 원을 달라고 하니까 비싸다는 생각을 한 것 같다.

그렇게 2013년 12월에 234-3번지 145평을 평당 100만 원씩에 매입하고 신협에 대출을 의뢰하니 1억 원 된다고 했다. 여신 상무에게 3천만 원만 더 해달라고 요청해서 1억3천만 원 대출을 받고 매입을 했다.

2015년, 부동산을 하시는 다른 분을 통해서 235번지 땅 주인이 도시에 오피스텔 두 채를 샀는데, 돈이 꼭 필요하여 350평만 나눠서 팔고 싶다고 하는데 매입할 마음이 있냐고 묻는다. 얼마냐고 물으니 평당 100만 원을 달라고 한다.

"길도 없는 맹지를 너무 많이 달라고 하는 거 아니에요?"

"글쎄, 그렇게 달라고 하네요."

"예, 잘 알았습니다."

그 땅에 가서 여기는 뭘 하면 좋을까 궁리를 해보니 나중에 빌라를 지어서 분양하면 좋을 것 같은 생각이 들었다. 앞에 우리 땅이 2차선 도로에 접했으니 허가에는 별문제가 없을 것 같고 동네도 깨끗했다. 맹지 자체를 보면 조금 비싸지만, 우리 땅과 보태면 2차선 도로에 잘 접한 땅이니까 그 정도 가격은 별 무리가 없다는 생각이 들었다. 그리하여 이 땅 350평(분할을 하니 235-1번지)을 평당 100만 원씩 3억5천만 원에 매입하고, 신협에 대출 2억7천만 원을 받아 잔금을 냈다.

이 땅을 매입하고 2년 후 2017년에 추가로 대출을 요청하니 1억 원을 더해줘서 땅값 5억 원은 금융의 돈으로 낸 셈이 되었다. 2018년 12월에 9억4천만 원을 받고 팔았는데, 그동안 지급한 합계 비용은 9천여만 원이다.

"지금 대표님께서 쓰신 글을 읽어보니 투자를 해서 수익을 내는 게 그렇게 어렵지만은 않군요?"

그렇다. 언뜻 보기에는 별로 어려울 게 없는 거 같다. 그러나 그 과정을 살펴보면 2013년 당시 이 땅은 80~90만 원이면 알맞은 시세이다. 그러니 많은 사람을 안내해도 비싸다고 사지 않은 것 아니겠는가? 그때 생각하기를, '현재는 조금 비싼 것 같지만 빠른 속도로 도시가 발전하니 이 정도의 차이는 1년 안에 극복이 된다. 그러면 1년 동안의 금융 비용이 500~600만 원 정도 소요되는데 그 정도는 괜찮다.' 그렇게 생각하고 실행한 것이다. 그리고 뒤의 땅(235-1번지)을 살 때 이 땅은 길이 없는 맹지이므로 234-5번지, 234-3번지, 237-2번지, 이 세 번지의 주인만이 이 땅을 사는 게 가장 합리적이다. 그런데 234-5번지의 주인은 땅을 팔 마음도, 살 마음도 없는 연세 드신 어르신이고, 237-2번지는 집이 있어 집 앞마당으로 길을 낼 수 있는 상황이 못 된다. 결국에는 234-3번지 땅의 주인인 필자 아니면 그 땅을 살 사람이 없는 것이다.

팔 사람은 돈이 꼭 필요하고 살 사람은 정해져 있다. 이럴 경우 일반적인 상식대로라면 땅값을 대폭 깎자고 흥정을 요청했을 것이다. 그러나 그렇게 하지 않았다. 달라는 값을 다 주고 샀다. 경험해보면 쉬운 일이 아니다.

그러면 투자자로서 어떤 마음의 자세를 가져야 할까?

투자 대상 물건을 냉정하게 분석해서 투자가치가 있다고 판단되면 따뜻한 마음을 가져야 한다. 지나치게 욕심을 내게 되면 거래가 틀어지든지 어떤 이유로든지 간에 투자할 기회를 놓치게 되는 것이다.

토지 투자의 핵심은 지금 현재가 아니라 미래에 있기 때문에 미래를 바라보는 안목이 있어야 한다. 이 안목은 어떻게 해서 키워지게 되는 것일까?

이렇게 생각한다. 지금 여기서부터 3년, 그 이후의 3년을 생각해보면 눈이 열린다. 그러면 따뜻한 마음이 생기게 된다.

02
부자가 되는 기회,
바로 여기

■ 이탈리아 토리노 박물관에는 우스꽝스러운 동상이 하나 있다. 동상은 벌거벗고 있으며, 앞머리는 곱슬머리로 수북한 머리를 가지고 있다. 뒷머리는 머리카락이 하나도 없이 민머리로 되어있고, 발에는 날개가 달려있다.

"내가 벗고 있는 이유는 누구에게나 쉽게 눈에 띄게 하기 위함이고, 내 뒷머리가 민머리인 이유는 내가 지나가면 다시는 나를 잡을 수 없게 하기 위함이고, 내 발에 날개가 달린 이유는 최대한 빨리 그들의 눈앞에서 사라지기 위해서다. 내 이름은 기회(카이로스)이다."

기회는 어떤 사람에게는 찰나의 순간처럼 지나가고, 기회라고 느끼지도 못하는 사이 스쳐 가는 경우도 있다. 그러나 '기회', 이 친구는 다정하며 순진하다고 생각한다. 어떤 일을 소망하며 간절한 마음으로 준비하면 '기회', 이 친구는 옆에서 격려하며 기다려 준다. 어느 정도 준비가 되면 자기의 모습을 드러낸다. 그때 용기를 내어 손을 내밀면 이 친구가 손을 잡아준다. 그리고 자기가 가지고 있는 모든 능력을 아낌없이 주어서 좁게는 자신과 가정을, 넓게는 지역과 사회를, 더 넓게는 국가와 민족을 위해 쓰임 받는 사람으로 성장시킨다. '기회', 이 친구는 지금도 우리 옆에서 격려하며 잘 준비해서 함께 성장하자고 기다리고 있다.

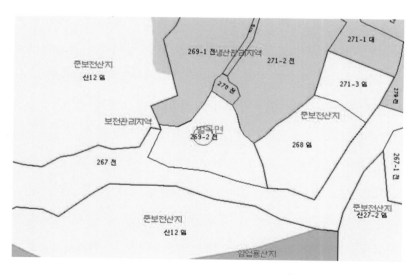

🔍 논산시 벌곡면 지적도

　땅투자, 나는 이렇게 1억으로 100억을 만들었다

2009년 이른 봄, 충북 옥천에서 일할 때 부동산 하시는 사장님 한 분이 사무실을 방문했다.

논산시 벌곡면에 매물이 하나 있으니 가보자고 한다. 가서 보니 아름드리 큰 감나무가 심겨있는 밭인데, 경치가 좋았다. 마을 앞에 개울을 경계로 건너편은 대전시 서구 우명동이다. 면적은 310평으로 집을 한 채 짓고 텃밭으로 사용하기에 알맞은 땅이다. 가격을 물어보니 5천만 원을 달라고 한다. 답사를 하고 사무실에 오니 어둑어둑 밤이 다되었는데, 지적도를 살펴보니 그림에서처럼 270번지의 땅이 길을 딱 막고 있다. 함께 간 사장님께 물어보니 이 땅은 26평으로 마을 소유의 땅인데 옛날에 샘터였다고 한다. 마을에서 협의를 해주지 않으면 건축 행위를 할 수 없지만, 협의가 잘 되면 집 앞에 깨끗한 샘이 있는 좋은 터가 될 것 같았다.

5년간 남의 땅 중개만 하다가 이제 이 땅 한 필지 장만할 정도의 힘이 생겼는데 땅이 이렇게 생겼으니 고민이 된다.

이튿날 금융의 여신 담당에게 이 땅을 담보로 대출이 얼마나 가능하겠냐고 물어보니 현장을 답사하고 알려주겠다고 한다. 다다음 날 1천9백만 원이 된다고 한다. 2천만 원도 아니고 1천9백만 원이 뭐냐고 하니 맹지(길이 없는 땅)이기 때문이라고 한다. 가만히 생각을 해봤다. 세상에 100% 만족한 물건이 있겠나, 용기를 냈다. '기회', 이 친구는 용기 있는 결단을 요구한다. 옳은 결정을

하면 큰 행운을 가져다준다. 기회의 가장 가까운 친구는 행운인
데, 이 둘은 언제나 함께 다니는 것 같다.

03
소망하면
땅을 살 수 있다

■ 벌곡면 땅을 사고 얼마 지나지 않아 평소 알고 지내던 한 분이 사무실을 방문했다. 이원면에 있는 땅을 하나 팔아달라고 한다. 함께 가서 보니 옛날에 돼지를 키우던 돈사였는데, 철거하고 흙을 채워 반듯하게 다듬어놓았다. 남향의 산자락에 3천 평의 땅이 잘 조성되어 너무 좋아 보였다. 함께 사무실로 와서 "얼마를 받으려고 하세요?" 하고 물으니 평당 20만 원을 받아달라고 한다. 당시 시세로 볼 때 별로 비싼 편은 아니다.

며칠이 지난 후 이분이 사무실에 와서 "땅을 찾는 사람이 좀 있습니까?" 하고 물었다.

"이런 시골에서 땅이 너무 크니까 매매가 어렵습니다."

"분할에서 팔면 어떨까요?" 하니

"그렇게 하면 푼돈이 되고 하니까 살 사람이 있으면 조금 깎아 드릴게요."

"얼마나 깎아 주려고 하세요?"

"땅값 공사비 계산해서 최소 가격으로 17만 원에 드릴게요."

사실 그동안에 그 땅에 몇 번이나 가서 살펴보고 땅이 좋아 살 여력이 되면 사서 분할해서 팔면 남의 땅 중개하는 것보다 낫겠다고 생각하던 차에 값을 깎아준다고 하니 반갑기 그지없다.

"그러면 우리가 사고 싶은데 돈은 없고 무슨 좋은 방법이 없을까요?"

"사장님이 사신다면야 방법이 없기야 하겠어요?(당시 우리를 아는 사람들은 감사하게도 우리를 많이 신뢰해줬다. 어떤 분들은 좋은 땅이 나왔다 하면 계약금을 우리 통장에 미리 넣어주기도 했다.)" 하며

"벌곡면에 땅 샀다면서요?"

"예."

"얼마 줬어요?"

"얼마 안 줬습니다."

"배 사장이 그러는데 아주 경치가 좋은 데 잘 샀다면서요?"

"예, 경치는 좋습니다."

이런 얘기를 하다가

"그 땅의 계약금만큼을 우리 땅에 설정해놓고 이 땅을 파세요.

토지 사용승낙서를 해주시면 분할을 해 가지고 매매를 해서 6개월 내에 잔금을 맞춰드릴게요."

"아 그거 좋은 생각이네요. 그렇게 합시다."

그렇게 해서 길도 없는 땅이 자기보다 10배가 더 큰 근사한 땅 3천 평을 우리한테 가져다주었다.

이 글을 쓰며 등기부 등본을 열람해보니 그분의 이름이 있고, 그분 얼굴이 떠오른다.

04
비효율적으로 생긴 땅

Q 토지를 매입할 때 땅의 모양

Q 현재 자연취락지구로 바뀐 땅의 모양

🏳 2010년 충북 옥천에서 일할 때 중년의 부부 두 분이 사무실을 방문했다. 조그마한 집을 지어 주말에 텃밭도 가꾸며 지내고 싶다고 적당한 물건이 있으면 소개를 해달라고 한다. 마침 적당한 물건이 있어 안내했는데 물건이 마음에 든다며 이건 자기들이 사고, 자기들이 소유하고 있는 땅을 하나 팔아달라고 한다. 번지를 보니 연기군 금남면에 있는 토지인데, 지

금은 세종시 금남면으로 개칭되었다. 토지계획이용확인원을 보니 자연녹지지역의 지목은 '대'이다. 땅이 참 못생겼다.

당시는 MB 정부 시절이었는데, 충청도 출신의 정운찬 전 서울대 총장을 총리로 기용하고 이곳 '신행정수도'를 기업도시로 수정한다고 온 나라가 시끄러울 때였다. 기업도시를 해야 국가 발전에 도움이 된다는 쪽과 원안을 사수해야 한다는 쪽이 첨예하게 대립하며 매일매일 언론에서 이슈가 되고 있었다.

이튿날 함께 일하는 소장님하고 현장을 답사했는데, 길보다 3m는 푹 꺼져있고 땅이 못 생겨서 현지 부동산에 내놔도 팔리지 않으니까 저 멀리 옥천에까지 와서 내놓은 것이었다.

땅 주인에게 전화해서 얼마 받으려고 하냐고 물으니 평당 40만 원을 달라고 한다. 금융의 여신 상무에게 전화해서 번지를 주며 대출이 얼마나 가능한지를 알아봐 달라 하고 오는 길에 소장님한테,

"이거 우리가 삽시다."

"땅이 이렇게 못생겼는데요?"

"옆 땅을 사서 반듯하게 만들면 되지요."

말은 그렇게 했지만, 그 당시 마음속으로는 이렇게 못생긴 땅을 나중에 팔려고 내놓으면 누가 사기나 할까? 생각해보니 별로 살 사람이 없을 것 같았다. 그럼에도 불구하고 매입을 결정한 것은 이곳이 워낙에 전국적으로 이슈가 되고 있으니 땅값은 오를 것 같았다.

그러면 땅값이 많이 올라 나중에 팔 때 시세보다 싸게 내놓으면 살 사람은 있지 않을까? 그렇게 생각을 하고 땅 310평을 평당 40만 원, 금융의 대출 9천만 원을 받고 1억 2천 4백만 원에 등기비 750만 원 들여 사 놓으니 이곳 소식에 관심을 더 두게 되었다.

드디어 2010년 12월 27일 세종시 설치 등에 관한 특별법이 국회를 통과해 세종시가 원안대로 건설되게 되었다.

2016년 3월에 이 땅을 사고 싶다는 분이 있다고 한번 보자고 한다. 이분이 하시는 말씀이 자기는 다른 사업을 하다가 몹시 어려워졌는데 모 유명한 회사의 대리점권을 확보하려면 자기 소유의 토지와 건물이 있어야만 그 사업을 할 수 있으니 이 땅을 좀 싸게 해서 팔라고 간곡하게 부탁을 했다. 땅도 못생겼고 푹 꺼져 있는데 괜찮겠냐고 물으니 지하 창고가 필요한데 오히려 꺼져있는 게 좋다고 한다.

가만히 생각을 해봤다. 이 땅으로 인하여 충북 옥천에서 일하면서도 이곳 세종시에 관심을 가질 수 있었고, 결과적으로 이곳으로 오는 데 이 땅이 마중물 역할을 했다. 참 감사한 일이다. 못생긴 이 땅도 꼭 필요한 사람한테 가서 잘 사용될 것이라고 하니 작은 욕심은 버려도 보람이 있을 것 같았다. 왜냐하면, 땅은 지적도에서 보는 바와 같이 2015년도에 52평을 보상받고 도로 폭이 6m가 되었다. 매입할 당시에는 자연녹지지역이었는데, 지금은 자연취락지구가 되었다. 그러니까 건폐율이 20%에서 60%로 늘어났다. 다시 말해 6m 도로를 접한 자연취락지구가 되었으니까 이 땅의 이용 가치가 엄청 좋아진 것이다(빌라를 지어도 되고).

결론적으로 2015년도에 도로로 편입된 52평을 6천만 원 보상을 받았는데, 당시의 보상가대로 258평을 2억9천만 원에 매매하고, 양도세와 지방세를 합해 4천8백만 원을 냈다. 만약에 땅을 팔지 않고 재정을 확보하려고 금융에 대출을 요청했더라면 매매가보다도 더 많은 금액이 나왔을 것이다. 물론 세금 4천8백만 원은 내지 않아도 되고(매매해서 수익을 낸 게 아니니까), 세금 낼 돈으로 금융에 이자를 낸다면 몇 년 후에 이 땅을 팔지를 결정해도 된다.

이 토지를 정산해보면 2009년 1월 토지 매입비 1억2천 4백만 원, 등기비 750만 원(나대지라 등기비가 조금 비싸다.) 합계 1억3천 150만 원, 금융의 대출금 9천만 원, 실투자금 4천150만 원이었다. 2011년 세종시에 와서 일할 때 금남면에 있는 밭을 매입했는데, 그때 이 땅을 담보로 추가 대출 5천만 원을 받아 그 땅을 사는 데 보탰다. 이제 이 땅의 투자금은 모두 회수되었고, 매월 이자만 저금하는 것처럼 내면 된다. 추가로 받은 대출 5천만 원은 다른 데 가서 일하고 있으니 여기서는 이 돈에 대한 이자는 빼고 2010년 1월에서 2016년 3월까지 금융의 이자 4천여만 원, 이게 실투자금 전부다.

2015년 토지 보상금 6천만 원, 2016년 토지 매매 대금 2억9천만 원 합계 금액 3억5천만 원. 그리고 양도세 보상받았을 때와 매매했을 때 합치면 5천만 원, 금융의 대출 9천만 원+세금 5천만 원 합계 1억4천만 원을 빼면 잔액이 2억천만 원이다. 5천만 원은 다른 데 가서 일하고 있으니 금융의 이자를 저금하는 것처럼 했더니 4천여만 원이 소요되었고, 이 돈은 순수하게 1억6천 850만 원(5천만 원 추가 대출 때 850만 원이 증가되었음)이 되었다. 토지에 매월 얼마씩 저금을 했더니 은행에 저금하는 것보다는 낫다.

현재까지 보유하고 있었으면 이 땅은 매매할 당시 가격의 2배 이상 되었겠다. 그러니 오피스텔 등을 사서 수익을 내는 것 하고는 비교도 안 된다. 그래서 사람들이 땅! 땅! 하는 것이다. 만약 그때 다른 사람한테 이 땅을 사라고 추천을 했다면 이 손님은 집에 가서 부동산 하는 나를 안타깝게 생각했을 것이다.

이렇게 이상하게 생긴 땅이 길보다 3m는 푹 꺼져있고, 가격은 평당 40만 원을 달라고 하니 도대체 이렇게 사업을 해서 밥이나 먹겠냐며, 그 집 식구가 누구인지 참 안 됐다고 생각했을 것이다.

참고로 옥천에 땅을 사겠다고 하신 그분들은 사지 않았다. 이곳 세종시에 와서 일하는데 부여 장암 어디에 땅을 샀는데 그 땅을 팔아달라고 전화가 온 적은 있다.

05
지목변경,
땅의 가치를 높이는 방법

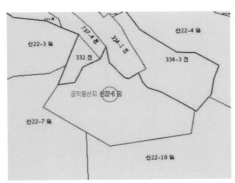

Q 임야일 때 토지이용계획확인원　　　　Q 田(전)으로 바뀐 토지이용계획확인원)

|▣ 금남면 용포리에서 일할 때 노신사 한 분이 오셨다. 경제학 박사 몇 호라고 자기를 소개하며 후배가 땅을 갖고 있는데 판다고 내놓았다. 금남면에 있는 임야인데 토지이용계획확인원을 보니 면적은 960평이며, 그린벨트의 임야이고, 길이 없는 맹지다.

"얼마를 받으려고 하세요?" 하니까 평당 5만 원 달라고 한다.

"그러면 수수료는 얼마를 주시겠습니까?" 하니 웃으며 "알아서 하세요."라고 했다. 이제 그분은 가시고 현장에 답사를 갔더니 옆에는 배 밭이 있고, 산은 나지막한 야산이며, 길은 포장이 되어있지 않은 맨땅이다.

'아, 이 땅은 전(田)으로 개간 허가를 받아 형질을 변경하면 수익을 낼 수 있겠구나.' 생각하고 산림조합 금융과에 평소 잘 알고 지내는 여신상무에게 전화해서 번지를 주며 "이거 대출하면 얼마나 가능하겠습니까?" 하고 물으니 조금 있다가 전화가 와서

"매입 가격이 얼마입니까?"

"5천만 원입니다."

"3천5백만 원 됩니다." 다음 날 이분께 전화해서 계약하자고 하니까 대전에 자기 사무실로 오라고 한다. 제수씨가 팔지 말라고 하는 걸 자기가 설득을 했다고 하는데, 그때가 막 대전 신동 둔곡 지구에 국제과학비즈니스벨트를 개발한다고 확정 발표할 때라 그럴 수도 있다는 생각이 든다.

"애쓰셨습니다. 수고비는 얼마나 드릴까요?"

"알아서 주세요."

그 땅을 사고 한 3년 지나니까 그쪽으로 길을 낸다고 동의서를 해 달라고 해서 동의서를 해주고, 우리 일을 하는 설계 사무소에 전화해서 전(田)으로 형질 변경하도록 서류를 준비해서 접수하게 했다.

현재는 밭으로 준공 처리되었는데 이 토지를 정산해보면,

임야 매입원가(4천8백만 원)+등기비용(2백만 원)+물건 가
지고 오신 분 사례(2백만 원)

= 합계 금액(5천2백만 원)-

　금융대출: 3천 5백만 원

　실투자금: 1천7백만 원

　전(田)으로 형질 변경비용: 설계비 7백만 원

　공사비용: 1천만 원

　합 계: 1천7백만 원

전(田)으로 형질 변경되기까지 소요된 비용 합계(3천4백만 원)

대출금 3천5백만 원에 대한 이자 약 1천2백만 원을 합하여 소
요된 실제 투자금이 4천6백만 원이다. 현재 주변의 시세는 평당
50만 원을 호가한다.

농협 여신담당 직원에게 전화하여 감정을 해보라고 하니 탁감(정
상 감정을 의뢰하기 전에 하는 짓) 3억5천만 원 정도 감정가격이 나온다.
만약 이 토지를 더 소유하고 싶은데 재정이 필요하다면 감정가에
70%를 곱하면 대출금이 2억4천 5백만 원이 나온다. 그러면 기
대출금 3천5백만 원을 갚고 나면 2억1천만 원을 사용할 수 있다.
　이와 같이 적은 돈이지만 호흡을 길게 가지고 투자를 하면 종
잣돈을 마련할 수 있는 것이다.

그때 누군가에게 이 토지를 사라고 권했으면 이분은 틀림없이 이렇게 했을 것이다. "길도 없는 맹지에다가 그린벨트 임야를 사라고 하니 저기 부동산 하시는 분은 공부를 좀 더 해야겠다. 돈 5천만 원이 애 이름인가?"

"이 토지를 개간 허가 받아 지목변경하면 토지의 가치를 더욱 높일 수 있습니다. 주변에 농지들이 많이 있으니 틀림없이 구거를 활용하여 농로가 생길 것입니다." 이렇게 얘기하면 안내받은 손님은 속으로 '어느 세월에…?' 이렇게 생각을 했을 것이다. 그렇게 생각하는 것이 일반적이다. 그리고 다음에는 우리 부동산 사무실에 오지 않았을 것 같다.

이 두 편의 사례는 투자 물건으로서는 마음에 들지 않는 부분이 많았지만, 어떻게든 실천을 하면 유익이 된다는 것을 보여주고 싶어 소개한 것이다.

토지 투자에 관해 관심이 있는 분이라면 이보다는 더 알찬 물건에 투자하여 더 높은 수익을 냈을 것이다. 그러나 더 좋은 물건을 찾는다는 명분 아래 물건만 찾다가 기회를 놓친 사람에 비하면 아주 훌륭한 결과임 또한 사실이다.

06
불가사의한
토지의 힘

■ 필자가 처음 토지를 매입할 당시에는 대출 금리가 8~9% 정도 되었던 것 같다. 그러던 금리가 3%대로 하락하더니 코로나19로 인하여 막대한 재정을 투입하여 경기를 부양하다 보니 시중에 돈이 많이 풀려 물가가 오르고 물가를 안정시키려고 돈의 가치를 높이기 위해 금리를 올리는 추세에 있다.

이럴 때에 토지에 투자하는 것이 옳은지 생각해보는 것은 당연지사다.

그렇다면 토지란 무엇인가에서 답을 찾아야 한다. 우리가 잘 아는 것처럼 햇빛이나 공기, 물이 없으면 생존이 불가능하다. 마찬가지로 토지도 없으면 생존할 수 없다.

그러나 토지는 본인이 소유하지 않아도 생존에는 별문제가 없다. 일테면 경치 좋은 곳에 카페가 있다고 가정해보자. 카페는 반드시 땅에 지어져 있다. 그러면 카페에서 종업원으로 일하면 내 땅이 없어도 관계없다. 혹은 카페를 임대하여 경영을 하면 마찬가지로 내 땅이 없어도 된다. 그러나 진정한 주인이 되려고 하면 반드시 내 땅이 있어야 한다. 내 땅에 있는 카페라면 직접 경영을 하든지 세를 놓든지 관계없이 내가 주인이며 후대에 물려 줄 수도 있다. 이게 토지가 가지고 있는 가치다.

앞장에서 소개한 22페이지 지적도를 보면 '지도는 특별한 방향 표시가 없으면 항상 위가 북쪽이다.' 따라서 아래는 남, 우측은 동, 좌측은 서쪽이 된다.

이 땅을 살펴보면 267전이 있고, 아래 남쪽에는 산12임, 서쪽도 산12임이 있는 큰 산이다. 우측인 동쪽에는 268임, 271-3임이 있다. 따라서 동서남이 산으로 둘러싸인 북향이다. 그리고 270번지의 전은 본 땅의 길을 딱 막고 있어 길이 없는 맹지이다. 북향에 맹지인 이 땅을 투자자의 관점에서 보면 단점이 많아 매입하기 쉽지 않은 물건이다. 그럼에도 내 땅 한 필지 소유하고 싶은 마음에 매입하였더니, 자기보다 열 배나 더 큰 땅을 가져다주어 부동산사업을 하는 바탕이 되었다.

그리고 28페이지 지적도를 보면 땅이 참 비효율적으로 생겼다. 그때까지도 그 이후에도 이렇게 비효율적으로 생긴 땅을 본 적이 없다. 그런데 이 땅이 필자를 세종시로 불러 이렇게 많은 토지를 소유할 수 있도록 해주었다.

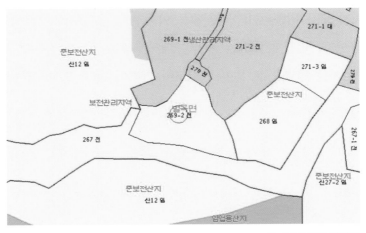

Q 22페이지 지적도

Q 28페이지 지적도

살펴본 바와 같이 토지는 불가사의한 힘을 가지고 있는 것이다. 필자가 처음 토지를 장만할 때에는 금리가 하락하리란 생각도 해 보지 못한 때였다. 지금은 다르다. 높은 금리를 유지하면 투자와 소비가 모두 위축되어 경기침체로 이어져 더 큰 문제가 발생한다. 따라서 적절한 때가 되면 금리는 내리게 되어 있고, 진정한 재산 인 토지는 물가 상승분이 반영되어 가격이 큰 폭으로 상승되어 있을 것이다.

07
지 목

■ 앞장에서 보면 산12임, 이렇게 지번 앞에 '산' 자가 붙어 있는 게 있고, 268임처럼 ' 산' 자가 붙지 않은 지번이 있다. '산' 자가 붙어있는 토지를 측량하여 등록전환을 하면 '산' 자는 사라지고 임만 붙게 된다.

똑같은 임야인데 어떤 차이점이 있냐 하면, 우리나라는 일제강점기인 1912년부터 일본사람들이 전 국토를 측량하여 지번을 부여했는데, 전(田)·답(畓)은 대체로 정밀하게 측량하여 면적에 가감이 별로 없는 반면, '산'은 측량을 느슨하게 하여 지금 실측을 해보면 면적의 가감이 많은 경우를 보게 된다. 이와 같이 측량을 하여 등록 전환된 토지는 면적이 정확한 반면, '산' 자가 붙은 임야는 실측하면 면적의 가감이 있을 수 있다.

따라서 독자 여러분이 임야를 매입할 때 '산' 자가 붙은 땅을 매입하려고 하면 계약서 특약란에 "실측을 하여 면적의 가감이 있을 경우 잔금 시 정산한다." 이렇게 한 줄 넣으면 토지의 면적이 줄어 손해보는 일을 미연에 방지할 수가 있다.

지목에 대해서는 아래와 같다.

지목이란 땅의 주된 사용 목적에 따라 땅의 종류를 구분·표시하는 것을 말한다.

우리나라의 지적법에 따르면 지목에는 전·답·과수원·목장용지·임야·광천지(鑛泉地)·염전·대(垈)·공장용지·학교용지·주차장·주유소용지·창고용지·도로·철도용지·하천·제방·구거(溝渠)·유지(溜池)·양어장·수도용지·공원·체육용지·유원지·종교용지·사적지·묘지·잡종지가 있다.

▌ 당대의 명 지관(地官)으로 알려진 갈처사(葛
處士)와 숙종(肅宗)에 얽힌 이야기이다.

조선의 제19대 임금 숙종 대왕(1661년~1720년)은 백성들의 삶을
직접 살피고자 내관 한 사람만을 데리고 민정 시찰을 자주 다니
며 숱한 화제를 남겼다.

어느 날 평복 차림으로 과천의 갈현동을 지나갈 때 더벅머리의
한 아이가 물이 흐르는 시냇가에서 관을 묻기 위해 땅을 파고 있
었다. 이 광경을 본 임금은 귀히 여겨 가던 길을 멈추고 다가서며
지금 무얼 하고 있느냐고 물으니, 아이는 울면서 자기 어머니가
오늘 아침 갑자기 돌아가셨는데 갈처사라는 지관이 여기에다 어
머니 묘를 쓰라고 해서 지금 땅을 파고 있다고 했다. 숙종은 아주
고약한 지관이 장난을 치고 있다고 생각을 하고, 그 갈처사라는
지관이 지금 어디에 사느냐고 물으며 갖고 다니던 지묵으로 그 아
이에게 쪽지를 하나 적어주고, 여기는 내가 지키고 있을 테니 곧
바로 수원성으로 가서 수문장에게 이 서찰을 보이라고 한다. 이
아이는 영문도 모른 채 어안이 벙벙했지만, 선비가 써준 서찰을
들고 수원성으로 가서 수문장에게 그 서찰을 보여주었다. 수문장

이 보아하니 임금의 어명이 아닌가! 이 아이에게 쌀 삼백 석을 내주고 아이 어머니의 장례식을 잘 치러주라는 내용이었다.

임금은 선비 차림 그대로 갈처사가 살고 있다는 갈현동 그 산동네 중턱에 있는 외딴집을 찾아갔다. "주인장 계시오?" 하고 묻자, 나이 들어 보이는 영감이 밖으로 나와서 "댁은 뉘시오?" 하고 답한다. 임금은 (신분을 속이고) "지나가던 선비인데 그대가 갈처사라는 분이오?" 하고 물었다. "네, 그렇습니다만 어떻게 여기까지 오셨습니까?"라고 하자, 선비 차림의 숙종은 "장난을 쳐도 정도껏 해야지! 아이와 죽은 사람을 갖고 그렇게 장난을 칠 수 있습니까?"라고 큰소리로 호통을 치면서 시냇가에 묏자리를 쓰라는 사람이 어디 있느냐고 다그쳤다. 그러자 갈처사는 이 선비에게 "잘 모르면 가만히나 있지! 그 자리가 얼마나 좋은 명당인데 그래? 그 시냇가에 내가 봐준 묏자리는 관이 들어가기도 전에 쌀 삼백 석이 생기는 명당이야!"라고 하지 않는가! 깜짝 놀란 숙종은 표정을 숨기고 다시 묻는다. "그럼 자네는 그렇게 터를 잘 보면서 저 아래 동네에 안 살고 왜 산 중턱 외딴집에 혼자 사는가?"라고 묻는다. 그러자 갈처사는 또다시 큰 소리로 "그것참! 잘 모르면서 자꾸 귀찮게 한다."라고 하면서 "저 아래 부자로 사는 놈들은 남사기 치고, 도둑질하고, 공금을 쌈짓돈처럼 쓰는 놈들에다 온갖 나쁜 짓은 다 하고 사는 놈들인데, 고래 등 같은 기와집인들 무슨 소용이 있겠소? 그래도 내가 사는 곳은 나중에 임금님이 다녀갈 곳이야."라고 자랑을 하는 게 아닌가. 기가 막힐 정도로 놀란 숙종은 표정을 숨기고 또다시 "그럼 임금이 언제쯤 여기를 다녀갑니까?"라고 묻는다. 그러자 갈처사는 몇 년 전에 풀어둔 게 있다고 하면서 집 안으로 들어가 먼지 묻은 종이를 보고 깜짝 놀라고 만다. '아뿔싸! 그 날이 바로 오늘이 아닌가!' 갈처사는 급히 밖으로 나와서 엎드려 절을 하면서 "임금님을 못 알아 뵈서 죽을죄를 지었습니다." 하고 용서를 구한다. 임금님은 갈처사를 일으키고 칭찬을 하면서 나의 묏자리를 미리 좀 봐달라고 부탁을 한다. 그리하여 숙종이 죽은 뒤 묻힐 묏자리를 잡았는데, 지금 경기도 고양시 덕양구 호두동에 위치한 서오릉 중에 명릉(明陵)이 바로 그 자리라고 한다.

명릉은 서오릉 중에서도 가장 명당자리로 정평이 나있다고 하는데, 서오릉(창릉·익릉·명릉·경릉·홍릉)의 다섯 릉을 말하고 있다.

이곳 세종시에는 원수산 아래 총리실을 비롯한 각 부처가 있다. 청와대 뒤의 북한산과 매우 닮은 원수산 자락에는 원수산의 '원수'라는 이름에 걸맞게 대통령께서 근무하시는 세종 대통령 집무실이, 전월산 아래 굽이 흐르는 금강 옆 18만6천여 평의 넓은 터에는 세종국회의사당 건축이 확정되었다. 이는 대한민국 근대사에 기념비적인 사건이며, 바야흐로 한강의 기적이 금강의 기적으로 이어지는 살아있는 증거라고 할 수 있다.

Q 청와대가 있는 북한산

Q 세종시에 있는 원수산

돈이
일을 하게
하라.

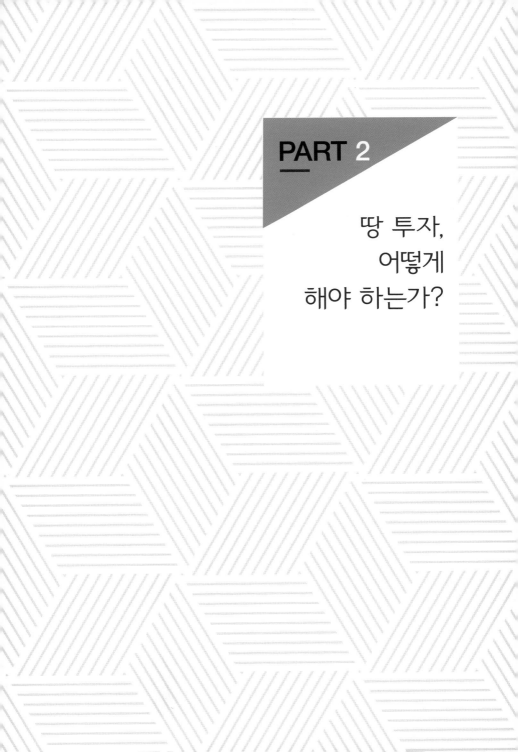

PART 2

땅 투자,
어떻게
해야 하는가?

▪ 01
소유권의 힘

1. 첫 번째 이야기

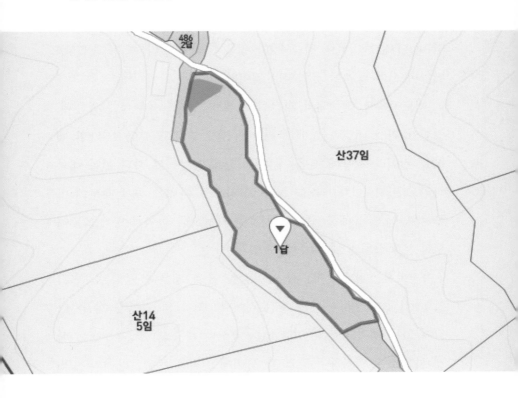

▣ 토지의 소유권이 얼마나 엄중한가를 알아야 귀하게 모은 돈을 토지에 투자할 가치가 있는지 알 수 있을 것 같다. 지적도 우측의 하얀색 선이 길이다.

2015년 잘 알고 지내는 부동산 사장님이 이 땅을 소개해서 현장을 답사해보니 길보다 땅이 4m 정도는 꺼져있고, 나지막한 야산 속의 논으로 흙을 채워서 가꾸면 좋은 터가 될 것 같다. 태산리 고향 한옥 전원 마을을 개발할 때라 흙은 거기서 가져오면 될 것 같고, 길이 땅 옆으로 길게 접해있으니 땅이 필요한 분에게 필요한 만큼 나누기도 좋고 전체적으로 무난한 투자처라 생각되어 "얼마 달래요?" 하니 평당 32만 원을 달라고 한다. 땅이 1,375평이니까 합계 금액이 4억4천만 원이다.

"매도인에게 연락해서 시간 잡으세요." 하고 사무실에 왔는데, 전화가 와서 내일 11시에 우리 사무실로 온다고 한다. 계약할 때 잔금 전이라도 땅에 흙을 채울 수 있게 해달라고 하니 편한 대로 하라고 한다. 아랫마을을 지나 이 땅으로 다녀야 하기 때문에 마을 분들에게 양해를 구하고 성토를 해놓으니 골짜기 땅 1,300여 평이 운동장처럼 넓고 좋아 보인다.

여기까지는 좋았는데, 길 높이만큼 흙을 채우니 옆 산 37번지 땅이 길과 이 땅 사이에 생긴 것이다. 즉 산의 법면이 채워지니 길이 없는 맹지가 된 것이다. (원래 맹지인데 잘 살피지 못해서 그렇다.) 설계 사무소에 의뢰하여 길과 땅 사이에 면적을 구해보라 하니 105

평이라 한다.

땅을 소개한 부동산 사장님께 이런 사실을 이야기하고 산 37번 지의 주인을 찾아서 협의하라고 하니 며칠 후에 땅값으로 5천만 원을 달라고 한다. 방법이 없지 않은가! 시간을 잡아서 계약하라고 했다. 다음 날 땅 주인 딸이 일산에서 부동산을 하는데 계약하러 가는 길이라고 전화가 왔다. 퇴근 시간이 되어도 소식이 없어 전화해볼까 하다가 다음 날 사무실로 가니 컴퓨터 앞에 시무룩하게 앉아서

"어서 와." (이분은 나보다 연배인데 서로 편하게 잘 지낸다.)

"어떻게 됐어요?"

내용인즉 그 땅 105평을 5천만 원에 계약하기로 하고 자리에 앉았는데 앉은 자리에서 1억을 달라고 해 기분이 나빠 그냥 내려왔다는 것이다.

부동산 사장님 생각에 콩 한 고랑도 심기 어려운 자투리땅을 가지고 그렇게 하니 어이가 없었던 모양이다.

2. 두 번째 이야기

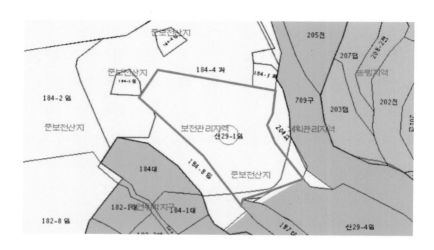

█ 그림에서 산 29-1번지가 매물로 나왔다 하여 현장을 답사해보니 도시와 접근성이 좋고 남향으로 잘 조성하면 좋은 터가 될 것 같은데, 진입로가 좁은 게 조금 아쉬웠다. 그 외에는 별로 문제가 없는 무난한 물건이었다.

　설계 사무소 소장님에게 인허가 사항을 짚어보라고 하니 별다른 문제가 없을 것 같긴 한데 현장을 한번 답사해보겠다고 했다. 점심을 먹고 오후 2시에 현장에서 보기로 하고 갔는데, 경사도도 완만하고 도로 폭은 3m가 되니 750평까지는 허가가 가능할 것 같다고 하여 물건을 준 부동산 사장님에게 계약하도록 시간을 잡으라 하고 왔는데 설계사무소 소장한테서 전화가 왔다. 애매해서 다시 가봤는데 그 길을 따라(아래쪽 현황 그림) 상수도관은 묻혀있는데 하수관이 없어서 허가를 내려면 그 옆에 땅 204번지 묘의 주인한테 토지 사용 승낙을 받든 지 아니면 좌측 산 29-8번지의 주인에게 토지 사용 승낙을 받아야 한다는 것이다. 해서 물건을 준 부동산 사장님에게 이런 사실을 이야기하고 사용 승낙서를 받아 달라고 하니 204번지 묘와 산 29-8번지의 땅은 조카와 삼촌이 각각 소유하고 있는데, 워낙에 완강해 방법이 없다고 했다.

3. 세 번째 이야기

땅투자, 나는 이렇게 1억으로 100억을 만들었다

■ 세종시와 공주시의 경계에 경치 좋은 곳에 있는 토지이다. 다른 분이 일부는 개발했는데 위의 산 14-7번지 뒤에 땅을 땅 주인이 만평을 분할해서 판다고 하니 자기가 개발해놓은 땅과 뒤의 땅을 사라고 한다.

지적도에서 보는 바와 같이 산 14-7번지에 묘지가 있다. 다른 사람의 소유라 이건 어떻게 협의하냐고 물으니 이 땅이 300평인데 땅 주인이 3억을 달라고 한다는 것이다. 생각해보겠다고 하고 현장 답사를 했는데, 잘 가꾸면 좋은 집터가 될 것 같다.

그분에게 우리 사무실에 차 한잔하러 오시라고 해서 이분이 개발한 땅을 먼저 계약하고 묘지 주인 연락처를 받아서 의논할 일이 있다고 하니까 와보라 한다. 가서 보니 자기가 사는 집 옆에 딸이 살 집을 건축하고, 마당에는 작업 하시는 분들이 모닥불을 피워놓았다.

이른 봄이라 쌀쌀한데 불가에 앉아 얘기하니 할머니가 의외로 상식이 풍부하셨다. 나중에 들은 얘기인데 그 연세에 고등교육을 받으신 분이라고 한다.

하여튼 그날 이야기의 요점은 3억 이하로는 흥정을 해줄 수 없고, 딸 전화번호를 주며 나머지는 딸하고 얘기하라고 했다. 그날이 금요일이라 주말을 보내고 월요일 오후 3시경에 딸에게 전화해서,

"요구하는 대로 3억을 주고 매입을 할 테니까 이후에 다른 말

씀 하시면 안 됩니다. 뒤에 산을 계약할 건데 계약하고 난 다음에 '안 판다', '돈을 더 달라' 하면 곤란해지니까요."

"아, 예. 그럼요! 그렇게 하면 안 되지요. 그렇게 안 할 거니까 마음 놓고 계약하세요."

두 시간쯤 지난 그 날 오후 5시경에 그 어머니에게 전화가 왔다. 3억 받고는 못 팔겠다고 한다. 그래서 얼마를 더 달라는 거냐고 하니까 그만 없던 일로 하자고 하며 미안하다고 한다.

사례에서 이 세분이 특히 인색하고 경우가 없는 분들이라 그렇게 했을까? 아니라고 본다. 이분들 모두 우리가 매일 보는 평범한 분들이다. 그러면 왜 이렇게 할까? 이는 토지가 가지고 있는 절대적인 힘 덕분이다.

국가가 사유지를 수용하는 경우, 개인은 공공의 이익을 위해 토지를 수용당할 수밖에 없지만, 사인(개인) 간에는 합의되지 않으면 어떤 방법으로도 타인 소유의 토지를 사용할 수 없다. 그 어떤 경우에도!

사례의 첫 번째 이야기에서 이 부동산 사장님은 산자락에 콩 한 고랑이도 심기 어려울 만한 자투리땅이라고 우습게 여겼다. 비록 콩 한 고랑이도 못 심을 만큼 쓸모없어 보이는 이 땅이 본 땅 1,375평에 생사여탈을 쥐고 있는 것이다. 토지와 그 소유자의 권리에 대해서 무지했기 때문에 이와 같은 실수를 저지른 것이다.

토지란 엄중하여 어떤 경우에는 생명과도 같다. 우리나라에서 제일 비싼 토지는 아마도 강남에 있는 땅일 텐데 왜 거기에 땅값이 비싼지 이유를 대려고 하면 수만 가지 되겠지만 단 한 가지, 땅이 거기 있기 때문이다. 강남에 집값이 비싼 이유도 땅이 강남에 있기 때문이다. 이 자투리땅도 땅이 거기 있기 때문에 힘을 발휘하는 것이다.

옛날 신라에서 당나라 황제에게 원군을 청하기 위해 사신들이 갔는데, 그중에 황씨 성을 가진 여인도 있었다. 황제를 알현하니 먼 길 오느라 수고했다고 위로하며 "동해(우리는 서해) 물이 많지?" 하고 묻는다. 사신들은 서로 무슨 뜻인지 몰라 눈치를 보는데, 황제가 또 묻기를 "그래, 동해에 있는 물을 양동이로 되면 몇 양동이나 되겠는고?" 한다.

침묵이 흐르고 서로 눈치를 살피는 가운데 황씨 성을 가진 여인이 황제에게 "폐하, 동해만 한 양동이가 있다면 딱 한 동이면 됩니다."라고 하자 황제가 무릎을 탁 치며 "참 지혜로운 여인이다."라고 칭찬을 했다.

토지에 투자를 해서 풍요로운 미래를 맞이하고 싶은 분은 위의 황씨 성을 가진 여인의 통찰력을 살펴보시기 바란다. 사사로운 이해관계를 떠나 큰 틀에서 바라보면 성장하는 도시, 미래가치가 높은 땅, 그런 땅이 있다면 내 소유로 만들면 된다.

두 번째 사례는 자기 땅에 도로가 나 있어서 그 길만큼은 누구나 사용하는 공유지가 되었지만, 그 땅의 소유권은 엄연히 땅 주인이다. 따라서 길 밑에 하수관을 매설하는 것은 소유자한테 허락을 받아야 하는 게 당연하다. 그러면 토지의 소유자가 토지 사용 승낙을 허락하든지, 해주지 않던지 그것은 당연히 소유자의 권리이다.

세 번째 사례에서 그 할머니는 땅값으로 상당히 많은 금액을 요구했는데, 그만큼을 준다고 해도 왜 거절했을까? 이는 자신이 그 땅으로 인하여 취할 게 더 남아있다고 보는 것이다. 누군가 뒤의 산을 개발하려고 하면 이 땅 없이는 개발 행위가 불가능하니 좀 더 버티면 더 받을 수 있다고 계산이 선 것이다. 이것은 그분이 그렇게 생각했기 때문에 그런 것이다. 누가 설득한다고 되는 것이 아니다.

우리나라가 일제강점기에서 해방되던 1945년 8월, 미군이 한반도 남쪽에 들어왔을 때 토지 소유의 집중은 심각해서 일제의 강점기 동안 일본에서 온 지주와 토착 대지주들이 대규모 토지를 소유한 반면 토지가 없는 농민들의 삶은 그야말로 비참하리만큼 어려운 환경이었다. 이런 상황에서 미 군정은 1946년 소작인들이 토지를 경작한 대가로 지주에게 지급해야 할 소작료를 그해 생산량의 3분의 1수준으로 낮추는 한편, 조선총독부가 보유하고 있던 대규모 토지를 매입하여 농민들에게 저렴하게 넘기고, 일본인 지주들이 보유했던 토지를 인수해서 농민들에게 매각하여 자신의 토지를 가지게 하였다.

미 군정이 토지개혁을 시행했던 이유는 공산화의 위험을 막기 위함이었는데, 당시 토지개혁을 주도했던 울프 데라진스키는 다음과 같이 당시의 일을 회고한다.

> "나는 1921년 초에 러시아를 떠나기 전에 얻은 교훈 덕분에 이 일(=토지개혁)을 하게 되었습니다. 농민들에게 토지를 돌려줌으로써 단호하게 토지 문제를 해결했다면 공산주의자들이 절대로 권력을 잡지 못했을 것이라는 교훈 말입니다."

이승만 정부도 농지개혁법을 실시하였다. 그 내용은 소유주가 경작하지 않은 모든 토지와 3정보(町步) 9천 평이 넘는 모든 토지를 재분배 대상으로 삼고, 정부가 5년간 나누어서 땅값을 지급하는 조건으로 매입해 농민들에게 그해 생산량의 150%를 땅값으로 정하고, 5년간 분할 상환할 수 있도록 하는 농지법이다.

1949년 입법 예고하고, 1950년 동법 시행령을 공포해 그해 5월에 농지법이 시행되었다.

반면 북한은 국가가 모든 토지를 몰수해서 농민들에게 공평하게 나누어주며 '공동생산, 공동분배'로 평등한 사회를 만든다고 하자 북쪽의 국민은 열렬히 환호하였고, 그 여세를 몰아 6·25 동란을 일으키게 된다.

우리 남한의 국민은 자기 소유의 토지를 보유하게 되므로 자기 땅에서 농사를 지어 그 소산으로 가족이 먹고살게 되니 보람이 있고 행복했던 것이다. 따라서 공산주의자들이 공동생산, 공동분배를 하자고 선동을 하는데, 우리 국민들은 사유 재산의 소중함을 경험하고 저들의 선동에 넘어가지 않았던 것이다.

연합군의 도움이 있었지만 국민은 토지를 소유함으로써 자유가 얼마나 소중한지를 깨닫고 엄청난 희생을 치르며 자유민주주의를 지키는 원동력이 되었다.

02
토지 투자 시 갖춰야 할
올바른 자세

　　🚩 법은 크게 사법(민법 포함)과 공법으로 나뉘는데, 사법이 개인과 개인 간에 필요한 법이라면 공법은 국가와 개인 간의 법이다. 이를테면 개인 간 매매계약을 체결하고 잔금을 내며 등기 이전을 하는 것은 사법에 해당한다. 그 이후 그 땅에 건축을 하기 위해서 건축 허가를 받으려고 하면 공법의 영역에 해당한다. 공법의 영역은 너무나 넓어 다 이해하고 투자를 하기란 사실상 불가능한 일이다. 토지에 투자해서 풍요로운 내일을 준비하시는 여러분에게 공법에 대해 너무 많은 공부를 하지 마시기를 권한다.

　토지란 개인이 소유권을 가지고 있어도 건축 등 개발 행위를 하려면 공공의 이익에도 부합해야 하기 때문에 까다로운 규제 사항이 한둘이 아니다. 지방자치단체마다 조례를 만들어서 규제하므로 A시에서는 가능한데, B시에서는 안 되는 경우가 있다. 이런 사항들을 공부하다 보면 투자 의욕이 사라진다.

그렇다고 전혀 몰라도 된다는 건 아니지만, 이렇게 보면 된다. 우리가 일상에서 사용하는 자동차나 휴대폰을 보자. 어떤 기술이 어떻게 접목되었는지는 모르지만 잘 사용하고 있지 않은가? 여기에 접목된 기술들을 다 이해하고 사용한다면 평생을 사용하지 못할 것이다.

토지 투자도 마찬가지로 필요한 지식은 저절로 알게 되어있다. 부동산에 들러서 땅을 안내받으면 부동산의 전문가이신 사장님이 잘 설명을 해준다. 몇 군데만 들러서 상담을 받아보면 필요한 지식은 저절로 알게 되어있다.

그러면 어떻게 해야 실행을 할 수 있는가? 토지의 본질에 대해서 깊이 생각해 봐야 한다. 토지와 내 삶의 여정을 같은 선상에 올려놓고 바라보면 한 해 한 해 세월은 가고 나이는 먹게 되는데 이렇게 발전하는 도시에 내 땅 한 필지는 삶의 자부심이 아니겠나 생각하고 어려움이 있어도 힘을 내는 것이다.

03
낙타와 **법인**

■ 아라비아에 한 상인이 있었는데, 나이가 들어 자리에 눕게 되자 삶의 마지막임을 직감을 하고, 세 아들을 불러서 "나에게는 낙타 17마리가 있는데 큰아들은 그 1/2을 가지고, 둘째는 1/3을 가져라. 그리고 셋째는 1/9을 가져라."라고 유언을 했다.

아버지 장례를 마친 후 세 아들은 아버지의 유언대로 낙타 17마리를 나누려고 하니 큰아들은 17의 절반이 8.5인데 9마리를 가져야겠다고 한다.

큰아들이 그렇게 하니까 둘째도 17마리의 1/3은 5.6…인데 6마리를 가지겠다고 하니 막내도 17의 1/9은 1.8…인데 2마리를 가져야겠다고 하는 것이다.

살아있는 낙타를 잡아서 나눌 수 있는 것도 아니고, 삼 형제는 서로 더 가지겠다고 하니 해결방법이 없어 다투고 있는 중에, 여행을 하던 한 사나이가 하룻밤 묵기를 청했다. 이 형제들은 자기들이 처한 상황을 얘기하며 이 문제를 해결해 주면 하룻밤 묵게 해주겠다고 하자, 나그네는 잠시 생각하더니 해결해 주겠다고 한다.

융숭한 대접을 받고 이튿날이 되어서 나그네는 자기가 타고 온 낙타 한 마리를 그 17마리에 보태니 18마리가 되었다.

이제 아버지의 유언대로 18마리에서 1/2인 9마리를 큰아들에게 주고, 둘째에게는 18마리의 1/3인 6마리를 주고, 막내에게는 1/9인 2마리를 주고 나니 한 마리가 남는다. 남은 한 마리는 원래 주인인 나그네가 타고 유유히 사라지는 게 아닌가?

눈으로 보고도 믿기지 않는 이 불가사의한 일을 토지 투자에 응용해 보면, 나그네가 타고 온 낙타를 법인(法人)에 비교해 볼 수 있을 것 같다.

법인(法人)은 말 그대로 법적인 사람을 만드는 것이다. 법적인 사람을 만들어서 사업을 할 수 있도록 자연인인 내가 투자를 해서 수익을 내는 것인데, 실제 운영을 해보면 유익이 많다.

간단하게 요약을 해보면, 법인 사무실은 가정집도 가능하며, 1인 법인도 가능하다. 법무사에게 의뢰하면 비용도 얼마 들지 않는다. 기장은 세무사에게 맡기면 되고….

예를 들어, 법인이 10억 원 하는 토지를 장만하는데, 금융에 6억 원을 대출 받고, 자연인인 내가 잔금 4억 원과 등기비, 수수료 등 5천만 원을 지불했다면, 법인에 4억 5천만 원을 빌려준 것이다. 금융에 대출 받은 6억 원에 대해 매월 이자를 얼마씩 냈다면 그 또한 내가 법인에 빌려준 돈이다.

그러면 나중에 토지를 팔았을 때, 나는 법인에 빌려준 돈에 대해서, 연 4.6%씩 이자를 계산하여 받을 수 있다.

이는 마치 정기 저금하는 것과 같으며, 땅값도 오르니 참 좋은 일이다.

금융에 대출을 받을 경우에도 법인에 대해서는 담보인증 비율이 높으며 대출을 제한하지도 않는다.

단, 일반법인은 전(田), 답(畓) 등 농지는 농지취득자격증명(농취증)을 발급받을 수 없기 때문에 취득이 안 되지만, 농취증이 불필요한 임야, 대, 잡종지 등은 자유롭게 취득할 수 있다. 전, 답 등 농지도 꼭 매입하고 싶으면 인허가를 받아서 취득하면 된다.

04
자본의 본질

🚩 토지 투자를 계획하시는 여러분에게 현장에서 경험한 일을 바탕으로 조언을 한다면 '자본(資本)을 어떻게 효율적으로 활용해야 하는가?'를 말씀드리고 싶다.

경제학에서 자본(資本)은 매우 다양한 의미로 쓰이는 개념이다. 일반적으로 많은 화폐나 토지, 공장과 같이 생산의 밑거름이 되는 생산수단을 말하는데, 원래 자본(資本)이란 말은 머리[頭]에서 나온 말이다.

농경사회에서 소나 돼지나 양 등의 가축을 길러서 새끼를 낳으면 마리 수가 늘어난다. 즉, 머릿수가 늘어나는 것, 이것이 자본(資本)의 본질이다.

따라서 필자는 투자를 할 때 최우선으로 생각하는 게 '투자금을 어떻게 빨리 회수하여 다른곳에 투자할 수 있는가?'에 초점을 맞춘다. 예컨대, 얼마짜리의 토지를 매입하는데 금융에 얼마 간의 대출을 받고, 나머지 토지값과 등기비 등 실제 투자금을 본 토지를 팔지 않고 3년 안에 회수가 가능한지 가늠해 보고, 가능하다고 판단되면 투자를 결정한다.

다시 말해, 소나 돼지처럼 어미는 그대로 두고 새끼를 낳아서 마리 수가 늘어나는 구조와 같은 것이다.

사실 이 책에서 주장하는 투자의 핵심이 바로 이 대목이다. 돈을 모아서 땅값 전액을 지불하고 사기는 쉬운 일이 아니다. 돈을 모으는 동안에 쓸 만한 땅은 값이 올라 늘 뒤쫓아갈 수밖에 없는 구조이기 때문이다. 그렇다면 어떻게 현재 가지고 있는 재정에 가속도를 붙이고 안전하게 재산을 키울 수 있는가? 바로 금융을 활용하는 길이다. 이렇게 빠르게 발전하는 도시에서 금융 빚은 너무 겁내지 않아도 된다.

금융에 대출을 받아 이자 내는 일을 미래를 위해서 저금한다 생각하고 지내다 보면 가축이 새끼를 낳아 마리 수가 늘어나는 것처럼 땅도 필지 수가 늘어나며, 큰 재산이 되는 걸 경험할 수 있을 것이다.

05
땅 투자, 돈이 일을 하게 하라

"다섯 달란트 받은 자는 바로 가서 그것으로 장사하여 또 다섯 달란트를 남기고" (마 25:16)
"The man who had received the five talents went at once and put his money to work and gained five more." (NIV 성경)

▐ 위의 말씀에서 밑줄을 그은 데서 보는 바와 같이 '돈이 일을 하게 하여 이루다'라고 되어있다. 그렇다. 돈이 일을 하게 해야 한다.

앞장에서 토지에 투자하여 풍요로운 내일을 소망하시는 분이라면 공법에 관해서 공부를 너무 많이 하시지 말기를 권한다고 했는데, 돈이 어떻게 일을 하는지를 살펴보자.

시청이나 군청 등 관공서 앞에 가면 토목 설계 사무소가 있다. 마음에 드는 땅이 있는데 좀 더 자세히 그 땅에 대해서 알고 싶으면 위의 토목 설계 사무소에 가서 알아보면 된다. 이때 빈손으로 가지 말고 정성을 담아 사례를 하며 상담을 하면 우리가 공부해도 모를 수 있는 것을 아주 친절하게 잘 가르쳐줄 것이다.

지금도 땅을 살 때는 설계 사무소 소장님에게 사용하고자 하는 용도에 맞는지 물어본다. 길이 좁아서 어렵다고 하면 어디서부터 어떻게 길을 넓히고 길에 편입되는 땅은 몇 평이나 되는지 물어보면 알아보기 좋도록 그림을 그려서 갖다 준다. 이렇게 전문가에게 물어본다.

돈은 돈이 돈을 벌게 해야 한다. 돈을 따라가면 절대로 잡을 수가 없다. 너무나 많이 들어본 말이다. 그러면 어떻게 해야 돈을 따라가지 않고 돈이 나한테 오도록 할까? 이게 바로 투자의 핵심이다.

토지에 투자는 기본적으로 큰 재정이 소요되는 사업이다. 가지고 있는 재정이 넉넉하지 않으면 금융을 잘 활용해야 한다. 금융과 동업을 하는 것이다. 금융은 이윤을 많이 남겨도 절반을 달라고 하지 않으니 얼마나 좋은가. 경영에 간섭도 하지 않는다. 정해진 이율만큼만 내면 된다. 정해진 이율만큼 내고도 수익이 나야 하는데 어디에 투자해야 할까? 이것이 문제다. 이것만 알면 무슨 문제가 있겠는가?

여러분에게 세종시를 주목해보라고 권하고 싶다.

인구 10만 명으로 출발해 현재 인구는 40만 명, 도시는 50% 정도 진행되고 있는데 토지 시장에는 벌써 토지의 매물이 품귀

현상이 일어난다.

이 책에서 다룬 소유권의 엄중함을 이해하면 앞으로 토지시장에서 어떤 일이 일어날지 너무나 선명하게 예측할 수 있다.

TV 『동물의 왕국』에서 보면 세렝게티 초원에 건기가 되면 강물이 줄어 강바닥은 거북이 등처럼 쩍쩍 벌어지고 강을 의지하며 살던 동물들은 심한 고통을 겪게 되는데, 우기가 시작되면 강의 물은 넘쳐나며 동식물은 생기를 띄고 활기찬 모습으로 삶의 축제를 즐기는 모습을 볼 수 있다. 여기 세종시에서의 토지시장은 매물이 줄어드는 건기만 있지, 우기는 없을 것 같다.

땅은 다른 나라에서 수입해서 용지로 쓸 수 있는 것도 아니고, 공장에서 생산할 수 있는 제품도 아니다.

인간의 힘으로는 땅 한 평도 늘릴 수 없으며, 흙 한 줌도 만들 수 없다.

현재 우리나라는 국토의 11.8%에 해당하는 수도권에 인구의 절반이 넘는 국민이 살고 있으며, 천 개의 기업 중 75%가 수도권에 본사를 두고, 신용카드 80% 이상이 사용되고 있다. 이러한 현실에서 국토의 균형 발전은 시대적인 소명이 되었다.

이러한 상황에서 세종시는 국토균형발전의 핵심적인 도시로서, 세종국회의사당과 대통령집무실 설치가 여야합의로 국회를 통과하여 입법이 완료되었다.

이는 실질적인 행정수도 완성을 의미하는 것이며, 서울-세종 고속도로는 2026년 개통 예정인데, 서울에서 세종까지 1시간이면 도달하고 전국에서 제일 젊은 도시, 출산율이 가장 높은 도시인 세종시에는 교육여건과 정주 여건이 우수하므로, 대기업이 옮겨올 가능성도 크다고 할 것이다.

■ 기원전 323년, 통속에 있는 철학자 디오게네스를 찾아간 알렉산더 대왕이 말했다.

"선생님, 선생님께서 원하시면 이 나라의 3분의 2라도 드리겠습니다. 무엇을 원하시나요?"

철학자는 "대왕이시여! 지금 대왕께서 햇빛을 가리고 있습니다. 조금만 비켜주십시오." 대왕이 비켜서자

"대왕께서는 지금 어디로 가십니까?"

"인도를 정복하러 가는 길입니다."

"인도를 정복하고 난 다음에는 무얼 하실 건가요?"

"그때는 천하를 정복해야지요."

"천하를 정복하고 난 다음에는 무얼 하실 건가요?"

"그럼 그때는 쉬어야지요."

자세를 고쳐 앉은 철학자는

"누가 대왕께 천하를 정복하라고 하던가요? 그리고 천하를 정복하고 난 다음에 쉬라고 하던가요?"

"나는 천하를 정복하지 않았는데도, 이렇게 편히 쉬고 있지 않습니까?"

그날 밤, 알렉산더 대왕은 침실로 돌아와 침대를 보니 두어 평 정도이며, 자신이 누웠던 자리는 한 평도 채 안 되는 좁은 공간을 보고 난생처음으로 커다란 회의감이 들어 신하를 불렀다. "내가 죽으면 관 밖으로 두 손이 나오게 하라. 이는 누구라도 죽어 저세 상으로 갈 때는 빈손임을 교훈하려고 한다." 이렇게 유언을 한다.

실제로 알렉산더 대왕이 인도를 정복하러 가는 길에 도상에서 풍토병으로 죽었는데 그의 나이 33세, 장례에는 두 손이 관 밖 으로 나오게 했다고 한다. 대왕이 죽자 철학자는 "그가 살아서는 천하가 좁았지만, 죽으니 두 평 땅으로 족하다. 그가 살아서는 흙 을 밟고 섰는데, 이제는 흙이 그를 덮고 있구나." 이렇게 애도를 합니다.

사람이 태어나고, 늙고, 죽는 것은 누구도 피해 갈 수 없는 자 연의 이치이다. 그러나 살아가는 동안에는 절대 빈손이어서는 안 된다. 타고난 능력을 최대한 발휘하여 선한 영향력을 행사하며 여 유롭고 풍요롭게 살아야 한다.

미래는
상상하는 사람의
것이다.

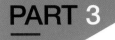

PART 3

땅 투자,
어디서
시작하면 좋을까?

– 발전하는 땅, 세종시

01
세종시, 유례없는 발전이 시작되고 있다_
연서면 와촌리 산업단지

🚩 3년 전 한 지인으로부터 전화가 왔다.

약간은 긴장되고 좀 들뜬 목소리로 저녁 시간 어떠냐고 해서 좋다고 하니까 시내 음식점 이름을 대며 그곳에서 보자고 한다. 만나서 보니 동그라미로 표시된 지도 한 장을 보여주며,

"이곳이 어디인지 알겠습니까?"

"대충 알 것 같네요."

"무슨 소문 못 들었어요?"

"아니, 못 들었는데요?"

자기 아는 사람한테 들었는데 이곳이 무엇이 된다고 하는데 관심을 가져보라는 것이다.

"예, 신도시와 조치원 중간에 좋은 위치입니다. 신도시에 정주 여건이 좋으니 기업을 경영하시는 분 입장에서는 인재 유치가 용이하고, 도시가 발전함에 따라 부동산의 가치도 높아지고, 서울-세종 간 고속도로와도 가까워 교통의 중심축이고, 농지와 아주 낮은 야산을 개발함으로 환경단체의 반발도 없겠고, 이른 시일 내에 사업의 성과를 내기에는 최적의 위치가 되겠네요."

이렇게 거드니 이분 신이 나서 "그렇지요!" 하며 많은 얘기를 한다.

결론은 그곳에 땅을 사서 보상을 염두에 두고 또 집을 지어서 대지로 형질을 변경하면 보상가도 높을 뿐만 아니라 이주권을 받게 되니 투자처로서는 최고라는 것이다. 감사하다고 인사를 하고 헤어졌는데, 그 뒤로 한 번도 검토해본 적이 없다.

어떤 이들은 이런 정보를 활용해서 살지도 않을 집을 짓고 사는 것처럼 TV도 가져다 놓고 여러 모양으로 애를 쓰는데, 그렇게 하지 않아도 많은 투자 수익을 올릴 수 있다.

토지 투자는 숲과 나무를 봐야 한다. 여기에서 숲은 세종시의 방향이다. 이 도시가 어느 방향으로, 어떤 규모로 성장할 것인지를 봐야 한다. 그러면 이 분이 말한 그 정보는 도시의 자족 기능을 확충하기 위해 국가가 재정을 투입해서 하는 사업이다. 그러면 당연히 주변 지역의 가치가 높아지는 것인데 굳이 이곳에 투자해서 보상받을 필요가 있겠는가? 3~4년 후에 투자금에 비해 많은 보상을 받는다고 해도 우선 보기에는 큰 수익이지만, 이 토지를 보상받아서 주변 지역의 땅을 사려고 하면 보상받은 면적의 절반도 사기 어려울 것이다.

실제로 2018년 8월 31일 김현미 국토부 장관이 세종시 첨단산업단지를 발표했는데, 그 위치가 그곳이었다. 지방방송은 물론이고 중앙방송에서도 정보가 새어나가 국민의 혈세가 낭비되며 투기꾼들의 먹잇감이 되었다고 한동안 이슈가 되었다. 이곳 산업단지는 83만 평 규모로 국비와 시비를 포함해 1조8천억 원의 대형 프로젝트이다. 그러면 조금만 앞을 보면 그곳에서 땅을 사 보상을 받을 게 아니고 그 주변 지역의 토지를 사서 기다리면 보상 금액과는 비교도 안될 만큼 가치는 상승하고 매매 여부를 자유롭게 결정할 수 있는데 뭐하러 수용되는 곳에 투자해 꼼짝없이 수용당한단 말인가! 땅이 안 팔릴까 봐?

결론적으로 이곳 세종시는 3~4년 내로 용지가 부족해 토지가 대란이라고 할 만한 일들이 일어날 것 같다.

우리 시대에 경험해보지 못한 일이 여기서 일어날 것 같다. 세종시가 인구 10만 명으로 출발해 2024년 현재 인구 40만 명 도시는 50%정도 진행 중이고, 세종시의 개발되는 면적은 2천200만 평으로 5백80만 평인 분당 신도시의 약 4배에 달하며, 이는 대한민국 역사 이래 가장 큰 국책 사업이다.

세종시의 2040 계획에는 청사 지역에 인구 50만 명과 그 외에

읍·면 지역에 인구 30만 명, 합하여 80만 명을 목표로 성장하고 있다.

앞으로 위 산업단지의 토지에 보상이 실시되면 대토 수요도 많겠지만, 산업단지가 완공되어 고급 인력들이 모여들 걸 생각하면 주변의 토지는 엄청난 힘을 발휘할 것이다.

현재 읍·면 지역의 인구는 10만 명인데, 앞으로 20만 명의 인구가 더 증가하게 되려면 인근 공주시 전체 인구수의 2배만큼이다. 필자가 근무하는 사무실의 부지면적이 7천 평 정도 되는데 이 부지 전부를 개발하여 택지로 조성할 경우 35세대 인구 100명 정도 생활할 수 있는 공간이다.

따라서 읍·면 지역에 이 정도의 인구가 생활하려면 토지의 활용 방안을 계획하고, 용도 지역을 구분해서 몇 개의 신도시를 만들어야 한다.

청사 지역은 곧 개발을 완료하고, 인근 지역으로 확장될 텐데 얼마 지나지 않아 읍, 면 지역에 토지의 활용 방안이 마련되어 일반인도 알 수 있게 될 거 같다.

2017년 국토부의 토지 소유 현황을 조사한 자료에 따르면 서울 땅은 서울 사람이 82%를 소유하고 있으며 부산 땅은 부산 사람이 76%를 소유하고 있는데, 세종시 땅은 20%만 세종시 사람이 소유하고 나머지 80%는 외지인들의 소유이다. 이는 쓸 만한 토지 전부라고 해도 과언이 아니다.

토지는 사람들에게 생명과 같이 귀하게 여기는 재산인데, 여유 있는 분들이 소유한 토지는 값이 조금 올랐다고 팔고 그렇게 하지 않는다.

값이 오르면 오를수록 더 팔지 않는다.

그러니 토지가 부족해 대란이라고 할 만한 일이 일어나는 것은 너무나 당연한 이치이다. 부의 원천인 토지에 투자를 희망하시는 분이 있으면 지금 여기서부터 3년, 그 이후에 3년을 보고 용기를 내시길 바란다.

02
애정과 의지가 땅을 살린다_
송학리 고향 전원 농원

땅투자, 나는 이렇게 1억으로 100억을 만들었다

▥ 추운 겨울날 인근에 매물이 있어 답사하고 오는 길에 우연히 들르게 된 현 위치의 토지에서 따뜻하고 포근한 느낌을 받았다. 이듬해 봄에 현장을 다시 가보니 두릅나무가 있었는데 두릅의 새순이 다른 곳에 비해 어린이 손으로 한 뼘은 더 자라있었다. 참 좋은 터라는 생각이 들어 지주분과 협의하여 그림의 이곳이 6천 평, 건너편에 3천 평해서 9천 평 정도 조성해 놓았다. 건축하기 위해 인허가를 득(得)하려면 몇 가지 조건을 갖추어야 하는데, 용도지역이라는 게 있고 토지가 위치한 곳의 경사도, 도로의 유무 등을 따져보고 허가를 내준다.

이곳의 토지는 보전관리지역의 지목은 '임야'이다. 산지관리법이나 개발 행위 등을 따져보면 주택을 짓는 데는 별로 어려움이 없다. 그러나 여러 채를 한꺼번에 허가를 받으려면 진입로가 좁아 제약이 따른다. 땅은 좋은데 어떻게 하면 잘 활용할 수 있을까 고민이 되어 설계 사무소의 소장님을 오시라고 해서 이 땅을 어떻게 활용하면 좋을지 의논을 하니, 관상수를 식재하는 목적으로 산지 일시 사용 승인을 받는 게 좋겠다고 한다. 그렇게 해서 관상수를 식재하기 좋도록 저렇게 조성을 해놓았다. 이제는 천천히 길도 넓히고, 사용하기 좋은 땅으로 만들려고 한다. 이처럼 토지는 의지를 가지고 가꾸어나가는 것이다.

어떤 분은 풍수를 얘기하는데, 같은 값이면 다홍치마라고 풍수도 좋다 하면 좋겠다. 하지만 꺼진 곳은 채우고, 튀어나왔으면 깎고, 길이 좁으면 넓히고, 이렇게 활용도를 높이는 것이 최고의 풍수가 아닌가 생각된다. 어떤 사람이 자기 집 옆에 이웃 사람들이 쓰레기를 자꾸 갖다 놓으니 이분 기분이 상한다. 그래서 뭐라고 몇 자 써서 붙이기도 하며 쓰레기를 못 갖다 놓게 해도 소용이 없다. 어느 날 아는 사람한테 이런 얘기를 했더니 그곳에다 예쁜 화단을 만들어보라고 해서 꽃을 심고 가꾸니 아무도 그곳에 쓰레기를 버리질 않았다. 풍수지리의 관점에서 보면 비보풍수이며, 일반인의 관점에서 보면 지혜롭게 일을 잘 처리한 것이 된다.

03
용도지역을 변경해 땅의 가치를 높이다_
송학 전원 마을

🔍 송학 전원 마을 현장

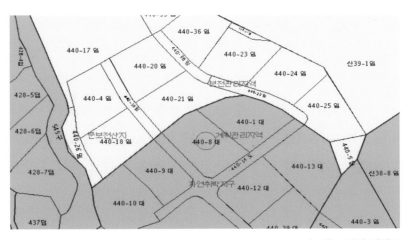

🔍 위 그림의 지적도

■ 충북 옥천에서 일할 때 빨간 모자를 쓰신 한 분이 사무실을 방문했다. 해병대 출신이며 월남전에 참전한 용사라고 소개하며 괜찮은 물건이 있으면 공동으로 중개를 하자고 한다.

마침 점심때라 식사를 함께하며 재미있고 유익한 말씀 많이 듣고, 우리한테 있는 물건도 안내했다. 그 후로도 왕래를 자주 하며 잘 지내게 되었는데, 어느 날 전화가 왔다.

"세종시로 옮겼다면서요?"

"예."

"시간 괜찮으면 차 한잔하러 갈까요?"

"얼른 오세요."

하고 반갑게 맞았다. 이분이 와서 송학 전원 마을을 매물로 내놓은 것이니 한번 해보라며 땅 주인 연락처를 주었다. 가서 보니 일부는 개발하여 주택이 지어져있고, 뒤로 약 3천 평 정도는 산으로 있었다. 일조량도 풍부하고 경치도 좋고 딱 마음에 들었다. 조성해놓은 토지와 집 그리고 뒤에 산 이렇게 한꺼번에 팔려고 하니까 일이 쉽지 않다. 땅 주인이 세 분인데 그중에 젊은 분이 책임을 지고 일을 한다. 이분에게 뒤에 산은 우리가 사고, 집은 한 채씩 팔자고 하니까 뒤에 산은 얼마를 생각하느냐고 해서 생각한 가격을 얘기하니 다른 분하고 상의를 해보겠다고 한다.

가격은 그렇게 협의가 되었다. 그런데 이틀이 지나고 계약을 하자고 하니까 한 분이 안 판다고 해서 어렵게 되었다고 한다. 조금 있으면 땅값이 오를 테니 조금 더 있다가 판다는 것이다. 이에 개의치 않고 이틀에 한 번, 사흘에 한 번 틈만 나면 땅을 팔라고 졸랐다.

한 달쯤 지나니깐 이분이 자기도 협의를 하려면 뭔 팁이 있어야 하지 않겠냐고 해서 얼마의 금액을 올려주기로 제안하고 이 땅을 사게 되었다.

그림에서 보면 집을 지은 땅과 집을 짓지 않은 땅이 있는데, 이 땅의 지적도가 아래의 그림이다. 지적도에 나와 있는 집을 지은 땅을 보면 용도지역이 계획관리지역, 자연취락지구이며, 지목은 대이다(지적도에서 진한 민트색 부분). 원래는 위의 두 땅이 모두 보전관리지역(지적도에서 하늘색 부분)의 임야이었는데 이렇게 허가를 받아 집을 지으면 지목이 '대'로 바뀌고, 시간이 지나면 용도지역이 계획관리지역으로 바뀐다. 그리고 조금 더 지나면 자연취락지구로 바뀐다. 어떤 차이점이 있냐 하면 땅이 백 평이라고 가정하면 보전관리지역은 건폐율이 20%이니까 바닥 면적을 20평으로 집을 지을 수 있다. 그러나 음식점이나 카페 등은 허가가 나지 않는다. 계획관리지역이 되면 건폐율이 40%가 되고 음식점이나 카페 등을 할 수 있다. 자연취락지구가 되면 건폐율이 60%가 되며 음식점 카페 등을 할 수 있으니 땅의 가치가 더 높아지는 것이다. 투자자의 입장에서 응용해보면 도시 가까운 곳에 보전관리지역의 땅이 있다. 전·답·임야 할 것 없이 지목은 중요하지 않다. 건축해서 준공하면 지목은 모두 '대'로 바뀐다. 만약 땅이 위치한 곳에 유동 인구도 많고, 경치도 좋아 가든을 하면 좋을 것 같다 싶으면 이와 같이 건축을 하고 기다리면 된다.

아름다운 풍경과 도시근접성 모든 조건을 만족시키다_
호숫가 고향 전원 마을

■ 어느 날 부동산 사장님 한 분이 연서면에 매물이 있다고 가보자고 해서 다녀왔는데, 이튿날 오전에 다시 가보고 싶어서 가는 길에 보니까 송학리에서 부동산을 하시는 사장님이 사무실 밖에서 담배를 피우고 있었다.(이 분이 소유권의 힘 첫 번째 이야기의 그 분이다.) 앞에 차를 대고서,

"바빠요?"

"아니."

"나랑 같이 땅 하나 보러 갑시다."

그렇게 차를 타고 현장을 갔는데, 그림에서 보이는 가운데 집을 짓고 있었다. 그곳에 아는 사람이 있어 잠시 들러서 이런저런 이야기를 하는데, 이분이 옆에 산을 가리키며 매물로 나온 것인데 계약을 하려고 했으나 흥정이 잘 안 돼서 못했다고 한다. 천천히 살펴보니 전 세대가 호수 조망으로 좋은 주택지가 될 것 같아 연서면에는 갈 것도 없이 사무실로 와서 모든 가능성을 검토했다. 용도지역을 변경하면 보전관리지역이 계획관리지역으로 바뀔 수 있다. 그렇게 되면 도시와도 가깝고 가든이나 카페 등을 할 수 있는 좋은 터가 될 것 같았다. 부동산 사장님에게 전화해서 시간을 잡자고 했다. 계약하러 내려오신 분이 그 집 큰아들이었는데, 연세가 제법 되어 보이는데도 젊은 스타일의 멋쟁이었다.

2010년 충북 옥천에서 일할 때 한 분이 보은군 삼승면에 있는 자기 땅을 팔아달라고 물건을 내놓았다. 현장에 가보니까 반듯한

밭이 천여 평인데, 적당히 지대가 높고 경치도 좋아 1억3천만 원을 주고 매입했다.

보은 마을금고에 5천5백만 원이 대출되어 있는데 돈이 아쉽다고 해서 대출금을 제외하고 나머지 돈은 다 주고 등기를 며칠 있다가 하게 되었다. 땅을 살 때는 아무 일도 없었는데, 등기를 하려고 보니까 대전의 원예 농협에서 4천만 원이 설정되어 있었다. 지금까지 부동산 일을 하면서 그런 일은 처음이고, 그 이후에도 그런 일은 없다. 그래서 땅 주인한테 어떻게 하면 좋겠냐고 하니까 며칠만 시간을 달라고 해서 그렇게 하시라고 했는데 해결이 안 되었다. '차용증이나 하나 받아놓고 등기를 해야겠다.' 이렇게 생각을 하고 있는데, 이분이 충북 괴산에 밭이 있다고 해서 등기부 등본을 열람해보니까 깨끗해서 원예 조합에 찾아가 담당자한테 사정을 얘기하고 "이 땅에다가 받을 돈을 설정하고 여기는 풀어주세요." 하니까 안 된다고 한다. 그러니 이분이 괴산 그 땅에다가 가등기를 해놓고 1년만 기다려 달라고 한다. 그때까지 안 되면 땅을 주겠다고 해서 땅값이 얼마나 하는지도 모르겠고 그냥 돈을 줄 수 없으니 그렇게 해두었다. 1년이 지났는데 해결이 안 되어 그 땅 본등기를 해오려고 보니 세금 체납 등 감나무에 감이 열린 것처럼 주렁주렁 뭐가 많다. 이론적으로는 알고 있었지만 실제로 등기를 해오니까 가등기 후에 설정된 모든 것은 깨끗하게 정리가 되는 것을 보고 참 좋은 제도라는 생각을 한 적이 있다.

책을 출간해보니 출판사의 편집장님이 남 같지가 않고 오랜 친구 같은 느낌이 든다.

책을 출간할 수 있도록 도와주었으니, 나도 뭔가 도움이 되고 싶었다. 마침 편집장님이 땅 투자를 고려하고 계셔서 호숫가에 위치한 좋은 땅 한 필지를 소개해드렸다. 토지대금 전액을 당장 완납하는 것이 부담스럽다고 하여 가등기 제도를 활용했다. 본등기에 앞서 가등기*만 해도 앞서처럼 소유권 이전에 큰 문제가 없기 때문에 자금이 넉넉지 않을 때 활용할 수 있다. 서로 합의한 기간까지 잔금을 납부하면 본등기가 이루어진다. 그 사이 나는 (땅에 건축을 해서) 지목을 '대'로 변경할 계획이다. 이처럼 가등기 제도를 활용하면 금액이 다소 부족해도 땅을 살 수 있을 뿐 아니라 본등기를 하기 전까지 전문가의 도움을 받아 지목을 변경할 수 있다.

용도지역이 바뀌어 가든이나 카페를 할 수 있는 땅이 된다면 한 식구는 거뜬히 생활할 수 있는 좋은 터가 된다.

---

* 가등기는 본등기를 하기 전에 등기의 우선권을 확보하기 위해 하는 제도인데, 해당 토지에 대출이 있어 그 대출금에 대해 이자를 연체해 경매에 들어가면 가등기는 효력이 없다. 그런 경우가 생기면 가등기 권리자에게 본등기를 해주고 대출금을 승계하든지, 다른 금융기관에 대환을 하든지 서로 신뢰가 있으면 투자금은 100% 안전하다.

05
땅을 사고 사람도 얻는 법, **신뢰**

🚩 몇 해 전에 종중의 임야를 매입한 적이 있다. 당시의 종중 회장님께서 종중 결의서를 만들 때 토지 사용 승낙을 해주어 우리가 인허가를 먼저 받을 수 있도록 배려를 해주었고, 잔금 지급기일도 넉넉하게 해주어 일하기가 수월하도록 도움을 주셨다. 어떻게 감사를 표해야 할지 생각하다가 우족, 구이, 국거리 등등 좀 넉넉하게 포장을 하고, 봉투에 정성을 담아 감사를 표한 적이 있다.

시간이 지나 잔금 때가 되었는데 마침 좋은 땅이 나와 잔금을 치르면 이 땅을 못 사겠고, 잔금을 조금만 연기하면 이 좋은 땅을 살 수 있겠다 싶어 회장님을 찾아뵙고 사정을 말씀드렸더니 종중의 총무님에게 전화해서 "잔금을 연기해달라는데?" 하고 묻는다. 전화 너머로 들려오는 소리에 "형님이 알아서 하세요." 하는 것 같다. 빙그레 웃으시며 "얼마나 연기를 해줄까?"라고 하셔서 마음속으로는 '한 달만 해주세요.' 하고 싶은데 그냥 웃고 있으니까 "1년 해줄까?" 하신다. 그래도 웃고 있으니까 회장님께서 우린 돈 받아서 통장에 넣어놓을 건데 1년 연기하고 은행에 금리는 쳐주시게 한다. 얼마나 고맙고 감사한지 다시 한 번 감사의 말씀을 전하고 싶다.

■06

농지, 지혜를 발휘하면 **투자가치 충분**

▇ 이 책을 출간하고 얼마 지나지 않아 한국일보 경제부 기자에게서 전화가 왔다.

인터뷰를 하고 싶은데 한국일보 본사로 내방이 가능하겠느냐고 하며, 그동안에 나간 기사를 카톡으로 보내줄 테니 카톡을 한번 보고 결정하라고 한다. 내용을 보니 나름대로 투자를 잘해서 수익을 내신 분들을 다루었는데 관심 있는 분들에게는 도움이 되겠다 생각되어 서울역 앞에 있는 한국일보 본사에 방문한 적이 있다. 그때 촌놈이 서울에 간다고 하니까 이 책을 출판한 출판사의 편집장님께서 마중을 와서 마포구 동교동에 있는 생각나눔 출판사를 방문해서 즐거운 시간을 보내고 택시를 타고 서울역으로 오는데 30분가량 소요된 것 같다. 그 30분 동안에 택시는 다른 차와 5번 부딪칠 뻔했고, 다른 차 기사와 2번을 다투고, 혼잣말로 5분을 넘게 분을 내는 모습을 보고 산과 들을 벗하며 좋은 환경에서 일하며 생활하는 게 얼마나 감사한 일인지 새삼 느끼는 계기가 된 적이 있다.

농업진흥구역의 농지에 대해서 투자가치를 살펴보려고 하니 그때의 기억이 뚜렷이 떠오른다. 지난해, 그러니까 2018년 10월에 그림에서 보이는 농업진흥구역의 농지 1,440평을 장만하고 아무에게도 그 땅을 샀다고 말을 안 했는데 어떻게 알았는지 한 분이 찾아와서 "그 땅 사장님이 사셨다면서요?"라고 묻는다. 웃으며 "예." 하니까 "얼마 줬어요?"라고 묻기에 "조금 줬습니다." 하니 "6

억 줬다면서요? 좀 비싸지 않아요?" 한다. 그분 입장에서는 그렇게 생각할 수 있을 것 같다.

그러나 농업진흥구역의 농지도 잘 살펴보면 훌륭한 투자처가 될 수 있음을 알 수 있다.

토지의 효율적인 활용을 위해서 국가에서는 용도지역을 구분하여 용도지역별로 규제사항을 명시하여 그 용도에 맞도록 이용할 수 있도록 하였는데, 먼저 농업진흥구역의 농지는(복잡한 공법 생략) 농업과 관계되는 시설을 할 수 있으며, 농가 주택도 지을 수 있다.

이렇게 경치도 좋고, 빠르게 발전하는 도시와 가까운 곳에 있어 도시 문화생활을 누릴 수 있는 이곳에 농업인의 자격을 갖추어 농가주택을 지을 경우(농가주택이라고 해서 소규모로 지어야 하는 것은 아니다.) 바닥면적이 30평 이하이면 농지부담금이 면제되고, 그 이상의 면적으로 지으면 농지부담금을 내면 된다. 따라서 원하는 면적으로 주택을 지어서 쾌적한 전원생활을 할 수 있다.

또한, 5년 이상 자경을 하고 65세가 넘으면 농지연금에 가입할 수가 있다.

농지연금은 다른 연금이나 개인연금이 있어도 신청이 가능하며, 월 300만 원까지 수령이 가능하다.

07

땅이 좋으면
수확하는 곡식과 열매도 값지다

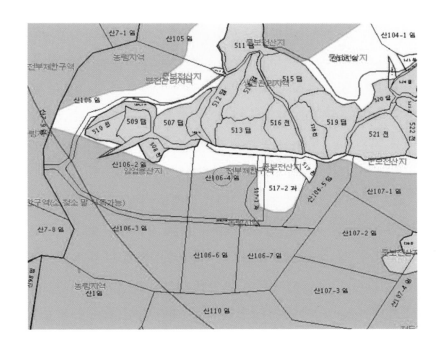

　■ 2008년 함께 일하는 소장님께서 충북 영
동군 용산면에 밭을 한 필지 장만해둔 게 있었다. 그 밭을 사시겠
다는 분이 있어서 계약하고 무슨 용도로 사용할지 물으니, 김천
에서 복숭아 농사를 짓는데 자기가 농사지은 복숭아는 위판장에
한 번도 내놓아본 적이 없다고 한다. 맛이 좋아 인터넷으로 수확
하기도 전에 다 팔린다고 하며, 그 이유는 북향인 땅에서 농사를
짓는 게 비결이라고 했다. 그런 땅을 찾아서 오다 보니 이곳 영동
군까지 오게 됐는데, 이 땅이 그 용도로 딱 맞는다고 한다.

2013년 부동산을 하시는 분이 전화해서 위의 임야를 매입할 의사가 있느냐고 해서 현장 답사를 했다. 2만 평 정도 되는 큰 땅인데 1만6천 평 정도는 북향이지만 지대가 높은 곳의 산이라 그렇게 응달도 아니고, 토질도 좋고, 옛날 10여 년 전에 복숭아 농사를 지은 그분이 하신 말씀이 생각나서 "얼마 달래요?" 하니 얼마 달라고 얘기하는데 가격도 저렴했다.

오는 자동차 안에서 "이거 우리가 사지요. 시간 잡으세요."라고 했더니 부동산 하시는 이분이 눈을 동그랗게 뜨고 "정말?" 하길래 웃으며 "땅 주인한테 수수료 많이 달라고 하세요."라고 했다.

보전관리지역과 농림지역이 혼합된 임야인데 경사도도 완만하고 면적이 넓으니까 필지 분할을 하여 여러 사람이 이용 가능하도록 해서 개간 허가를 받아 조치원은 복숭아가 유명하니까 복숭아 농장을 하면 누군가는 요긴하게 쓰이겠다는 생각이 든다. 그렇게 이 땅을 매입하고 다른 사업으로 바빠서 신경을 쓰지 못하고 있다가 지난봄에 설계 사무소에 의뢰하여 과수원으로 허가 신청을 하라고 했더니 일부가 과수원으로 허가가 났다(517-1, 2과).

이 산 밑자락에 복숭아밭을 경작하는 노부부가 계신다. 할아버지는 귀가 어두워 큰 소리로 말을 해야 알아들으시고, 할머니는 무척 성격이 활달하고 밝아 참 좋은 인상을 주었다. 할머니 하시는 말씀이 1년에 한 달 농사일인데 할아버지가 꾀가 나서 일을 잘 안 하려고 해 골치가 아프시다며 웃는다. 그러면서 "이렇게 말해도 못 알아들어!" 하시며 또 활짝 웃는다.

"그러면 1년에 소득을 얼마나 하세요?"하고 물으니 "5천만 원해! 근데 우리는 한 번도 장에 내다 팔아본 적이 없어. 어떻게 알았는지 이 골짜기까지 해마다 사람들이 와서 다 사가. 컴퓨터 그런 거 할 줄 몰라." 하시며 또 하하 웃으신다.

농림지역의 임야도 농가 주택은 지을 수 있으며, 활용하기에 따라 높은 수익을 창출하며 이렇게 성장하는 도시에서는 토지의 값도 많이 올라 눈여겨 볼만한 투자처가 된다. 마찬가지로 농지연금에 가입하여 소득도 올리고, 연금도 받을 수 있는 길이 있음을 알 수 있다.

■ 2006년 대전에 와서 일하는데, 주로 손님들은 행정 수도에서 토지가 수용되어 보상받은 분들이 많았다. 벌써 10년 전의 이야기다.

대부분은 종중 소유의 토지가 많아서 종중에서 보상을 많이 받았고, 일부 개인은 살고 있던 집과 조금의 토지를 보상받고 조상 대대로 살던 터전을 내주어야 했다. 따라서 땅을 찾는 손님 대부분은 종중의 대표나 총무 등 종중 일을 보는 분들이 많았고, 토지가 넉넉하게 있었던 분들이다.

종중의 분들은 주로 종산을 찾는데, 산을 보러 올 때는 꼭 지관 한 분을 모시고 온다. 김씨 종중에서 모시고 오는 지관은 이렇게 말하고, 유씨 종중에서 모시고 오는 지관은 저렇게 말하고 산을 보고 해석하는 견해가 다르다 보니 종중에서 산을 사기가 여간 어려운 게 아니다.

어느 날 충남 도청에서 과장으로 정년퇴직하신 분이 오셨다. 선친께서 당신이 누울 자리를 찾다가 평생 못 찾았는데 자기 대에는 꼭 찾아야겠다며 임야가 매물로 나온 게 있으면 전부 보여 달라고 하며, 함께 풍수지리를 연구하는 모임에서 한 분을 모시

고 와 같이 답사하자고 했다. 그분은 고등학교에서 영어를 가르치던 선생님인데 풍수지리에 관심이 있어서 50세에 조기 퇴직하고 함께 연구를 한다고 한다. 그렇게 하자고 하고 매물로 나온 임야를 전부 답사했다.

사실 산세나 묘터 등에 관해서 들으며 자랐다. 아버지께서는 나름대로 그 방면에 조예가 있어 근원 각지의 많은 분이 찾아왔다. 어떤 분이 상을 당해 찾아오면 그분들의 밭이나 묘터로 써도 별 무리가 없는 선산 등을 다 알고 있어서 집에 앉아서 "자네 고구마밭 뒤에 뽕나무 한 그루 캐내고 거기에 쓰시게." 이런 식이었다.

어느 날은 새벽 일찍이 잠도 덜 깬 나를 데리고 가서 설명을 해 주셨다.

"여기는 술(戌개술)지다. 앞이 평평하지? 이분은 평생 고생하고 사신 분이다. 이런 터가 좋다. 여기에 묘를 쓰면 자손들이 굶지는 않는다. 개는 밥그릇을 땅에 놓고 먹기 때문에 실수하여 엎어도 먹이가 멀리 흩어지지 않는다. 또 어떤 경우에는 여기는 건작(乾鵲하늘건,까치작)지에 해당한다. 저기 앞에 산을 봐라. 봉우리가 단정하고 기상이 높다. 이곳에서 저 산봉우리를 보고 좌향을 잡으면 자손 중에 높은 벼슬을 할 사람이 나온다. 까치는 양지바른 높은 곳에 집을 지으며, 그것은 곧 벼슬을 상징한단다."

이건 하나의 예이고 많은 경험이 있지만, 부동산 일을 하면서 한 번도 풍수에 대해 얘기를 해본 적이 없다.

지금 고향에 가보면 아버지께서 일러주신 묏자리는 전부 밭 뒤나 산에 있다. 농토가 부족한 시골에 최대한 농사지을 땅을 보호하려고 했던 것 같다.

하여튼 한날 위의 그분이 전화가 왔다. 필생의 명당자리 하나 찾았으니 가보자고 한다. 가보니 공주시 유구읍의 한 야산인데, 나지막한 산이 남향이고 능선이 반듯하게 쭉 뻗어 토질도 좋아 누가 봐도 좋은 터였다. 근데 잘 가꾸어진 묘 8기가 있는데, 땅의 주인이 다 이장해주기로 했단다.

이 땅이 5천 평 정도 되는데 묘터로 좋아 조금 비싸지만, 평당 10만 원씩 계약했다고 한다. 이분들은 묘지를 이장하는 것도 마치 우리가 살다가 이사 가는 것처럼 생각하고, 풍수지리를 신뢰하여 자손들이 잘되기를 바라는 마음이 크다는 것을 느꼈다.

　　█ 행정 도시에서 보상을 받은 분을 손님으로 일한 적이 있다.

　흔히 백석꾼, 천석꾼, 만석꾼 이런 말들을 많이 했는데, 농사를 지어서 연간 벼 수확을 백 석 정도 하면 백석꾼이라 한다. 보통 논 한 마지기에 석 섬 정도 수확을 하니, 30마지기 남짓 농사를 짓는 사람을 일컬어 백석꾼이라고 한다. 들이 넓은 평야 지방에서는 별것도 아니지만, 시골에서는 제법 부잣집이다.

　옛날에 "백석꾼 정도는 노력하면 이룰 수 있고, 천석꾼은 타고난 재능이 있어야 하며, 만석꾼은 하늘이 낸다." 이렇게 말하기도 했다. 이는 노력하면 누구나 한 식구는 건사할 수 있으며, 약간의 욕심을 내는 것은 좋지만 부질없는 욕심은 삼가라는 조상들의 지혜가 담겨있는 것 같다. 그때 이분은 천석꾼쯤 되는 분이다. 70대 중반이셨는데 당시에 대학을 졸업하고 여러 방면에서 경험이 많아 풍부한 지식을 갖추고 있어 현장을 답사하며 먼 길을 함께 다니다 보면 배우는 게 많았다.

　이분이 살았던 대평리 집에 함께 간 적이 있는데 그때 행복 도시 보상은 끝나서 집들은 비었고 황량했다. 할아버지 할머니 산

소가 있는 선산에도 갔었다. 지금 보니까 세종보가 만들어진 바로 옆에 나지막한 산이 있는데, 이분 소유의 산이었다. 지금은 첫마을 아파트가 들어서고 금강 쪽으로는 산지로 보존되어 있다. 이 산이 놓인 모양을 "거북이가 강을 향해 머리를 내밀고, 코앞에 물이 있으니 얼마나 좋은 지형인가!" 하며 수용당한 현실을 안타까워했다. 이런 좋은 땅을 수용당하고 대토를 하려고 하니 마음에 드는 땅을 찾기가 만만치 않다. 지금 첫마을에서 좌측에 이마트가 있고, 그 뒤로 산이 있는데 거의 다 이분 소유였다. 산으로 보상을 많이 받았으니 좋은 산을 사고 싶어 찾던 중에 함께 일하는 소장님이 정안에 있는 임야를 가리키며 "마을 이장님이 준 물건인데 그 회장님께 소개 한번 해보시죠?"라고 해서 안내를 했다. 산의 면적이 17만 평이고 우뚝 솟은 남향의 산인데, 산속에는 조그마한 연못이 있었다.

"얼마 달래?"

"평당 만 원을 달라고 합니다."

"음…. 그러면 17억이네?"

하시며 "이거 사자." 하신다. 평소 같으면 얼마 깎으라고 하실 텐

데 이번에는 그런 말씀 없이 사겠다고 하시는 걸 보니 묘터로 무척 마음에 든 모양이다.

옛날에는 이곳에도 묘지가 많이 있었을 텐데 전혀 상관하지 않는다. 이분도 풍수지리를 신뢰하며 자손들이 잘되기를 바라는 마음이 크다는 것을 몸소 보여주신다.

땅은
거짓말하지
않는다.

PART 4

이렇게
부동산 자산가가
되었다

01
부산에서 **부동산을 시작하다**

🏳 부산시 연산동 연산 로터리 가의 한 건물 3층에 직원이 60명 되는 부동산 사무실이 있었다. 30명씩 A, B반으로 나누고 4~5명씩 한 팀을 이뤄 일을 했는데, 우리 팀은 밀양시에 땅을 취급했다.

주로 삼랑진읍을 기준으로 일을 했는데, 아침 9시 30분에 출근하여 조회를 간단히 하고, 현장으로 나가 마을 분들에게 매물이 있는지를 물어서 물건을 확보하고, 저녁 5시쯤 사무실에 들어오면 그날 물건 중에서 좋은 게 있으면 앞에 나가서 발표하는 시간을 가졌다.

예를 들어 "삼랑진읍 우곡리 몇 번지 몇 평 평당가는 얼마인데, 위치도 좋고 주변 시세와 비교해 가격도 저렴합니다." 이렇게 하면 함께 일하는 동료 중에서 알맞은 손님이 있으면 안내를 하고 계약하는 식이었다. 여럿이 같이하니까 매물도 빨리 소비되고 좋은 점이 많았다. 다니기를 좋아하는 나로서는 기가 막히게 이 일이 재미있고 수익도 높았다.

500평의 땅이 있으면 땅 주인이 내놓을 때 나한테는 "평당 10만 원만 받아주고, 나머지는 알아서 하세요." 한다. 주변 시세와 비교해보고 13만 원 받겠다 싶으면 손님에게 13만 원에 안내를 해 좀 깎아달라고 하면 만 원 정도 흥정을 해주고 나머지 2만 원은 수입이 된다. 땅이 500평이면 수익이 천만 원이 되는 것이다.

2004년 당시에는 양도소득세가 없었다. 취·등록세를 절약하기 위해 공시지가로 신고하기도 했다. 당시의 느낌으로 '뭐 이런 일이 다 있지? 왜 진작 몰랐을까?' 그런 심정이었다.

저녁이면 사무실 주변에 대포집이 시끌벅적하다. 어딜 가나 아는 사람이고, 호주머니가 가벼워도 상관없다. 누군가는 한 건 했으니까. 정신만 바짝 차리면 금세 부자가 될 것 같았다. 그런데 이듬해 2005년 참여정부 시절 소위 8·31조치, 부동산 실거래가 대로 신고하고 등기부 등본에 기재하도록 하며 농지인 경우 자경 거리를 20Km로 정하고, 그 거리 이상에 있는 토지는 부재지주라 하여 양도세 60%와 지방세 10%를 합하면 양도 차액의 66%를 세금으로 내야 하는 것이다.

예를 들어 1억 남으면 6천6백만 원이 세금이다. 이러니 땅을 찾는 손님이 뚝 끊어진다. 직원들은 하나둘씩 자리를 비우고 사무실이 썰렁하다.

당시에 용당동의 한 아파트에 거주했는데, 멀리 감만 부두에 큰 배가 들어오고 나가는 것을 보면서 그해 가을과 겨울을 보내며 깊게 생각한 끝에 내린 결론은 '토지는 부동산의 본질이다. 토지 없는 부동산은 생각할 수가 없다.'였다.

집도 땅 위에 짓고, 학교도 땅 위에 지으며, 백화점도 땅 위에 세운다. 토지는 반드시 필요한 것이다. (세율이 아무리 높아도 토지의 수요는 억제할 수 없다.) 따라서 토지를 소유한다는 것은 삶의 근본을 소유하는 것이며, 이 근본은 바로 부의 원천이 되는 것이다. 그렇다면 국토의 중심 대전으로 가자!

02
국토의 중심 대전으로 오다

🏳 대전에는 친척도, 친구도, 아무도 아는 사람이 없다. 지리도 캄캄하고, 주변의 시세도 모르고, 아무것도 모른다. 2006년 4월 그렇게 대전을 오게 되었다.

대전 나들목을 나와 조금 오니까 큰 도로변에 생활정보지에 부동산 직원을 구한다는 광고가 있어 전화를 해보니 와보라 한다. 그렇게 이튿날부터 출근했다.

이곳 세종시가 당시에는 연기군, 공주시 일부인데 토지 거래 허가 구역이고, 논산시도 허가 구역이고, 충북 옥천, 영동은 허가 구역이 아니었다. 동쪽으로는 상주, 서쪽으로는 당진까지 엄청 많은 물건을 보며 다녔는데, 거래를 성사시키지 못하니 생활이 너무 어려웠다. 부산에서 마음에 담아 그 말씀을 의지하며 이곳으로 왔는데….

　"여호와께서 그의 기름 부음을 받은 고레스에게 이같이 말
씀하시되 내가 그의 오른손을 붙들고 그 앞에 열국을 항복하
게 하며 내가 왕들의 허리를 풀어 그 앞에 문들을 열고 성문
들이 닫히지 못하게 하리라
　내가 너보다 앞서가서 험한 곳을 평탄하게 하며 놋문을 쳐
서 부수며 쇠 빗장을 꺾고
　네게
　흑암 중의 보화와 은밀한 곳에 숨은 재물을 주어 네 이름을
부르는 자가 나 여호와 이스라엘의 하나님인 줄을 네가 알게
하리라" (사 45:1~3)

　가만히 무릎을 꿇고 위 말씀을 암송하며 묵상을 하는데 3절
에 "흑암 중의 보화와 은밀한 곳에 숨은 재물을 주어"라고 하셨
는데, 흑암과 은밀한 곳이 어디일까 하는 의문이 생긴다. 그때 흑
암과 은밀하다는 단어 속에는 고통스럽다는 뜻이 담겨있는 것 같
았다. 힘들고 앞이 캄캄하니 이런 상황이 흑암과 은밀한 것 아닌
가 생각되었다. 그렇다면 하나님께서 이런 고통스러운 현실을 허
락하신 데는 무슨 뜻이 있을 텐데 그게 무엇일까? 균형 잡힌 시
각을 가지라는 뜻 같았다.

사물을 볼 때 내 중심으로만 생각하지 말고 또 형편이 어려워서 땅을 파는 사람들에게 그 입장에서도 한번 생각해보라고 이런 상황을 허락하신 것 같았다. 이렇게 생각이 들자 '넌 이 현실을 통해서 내가 가르치려고 하는 것을 깨달을 수 있어.' 하시며 하나님께서 나를 믿어주신 것 같았다. 얼마나 감사한지…. 그때의 깨달음으로 인해 사물의 가치에 대해서 유연한 사고를 가질 수 있게 되었다. 정말 감사한 일이다.

03
장기로 가자

◾ 2011년 당시에 금남면 용포리에서 사무실을 내고 일을 하는데 2012년이 되자마자 '세종시의 내일은 장기에 있다. 금강 다리를 건너 장기로 가야 한다.' 이렇게 생각을 하고, 사무실을 이전하기 위해 사무실을 알아보는데 금남면에서 함께 일하던 사장님은 장기면 사무소 입구에 사무실을 얻었고, 나는 면사무소 맞은편에 신축한 의원 건물이 있는데, 1층에 한 칸이 비어있어 원장님에게 사무실로 세를 달라 하니 뭘 하실 거냐고 물어 부동산 사무실을 하려고 한다고 하니 부동산은 세를 안놓는다고 한다. 비어있는 사무실은 없고, 함께 일하는 소장님에게 찾아가서 부탁을 해보시라고 하니 "예, 나중에 퇴근 시간에 가볼게요."라고 하셨다. 퇴근 시간이 다 되어 소장님으로부터 전화가 왔는데, 역시나 부동산은 세를 안 준다고 한다. 그래서 "왼쪽 다리 한번 걸어보지요?"라고 우스갯소리를 하니 "내 다리는

못생겨서 안 돼요." 하며 웃는다.

며칠이 지나고 장기면에 갔는데, 면 소재지 입구에 기초공사를 하는 현장이 있어, "여기에 뭘 지으세요?"라고 하니 사무실을 짓는다고 한다. 몇 평이나 되냐고 물으니 40평이라고 한다. 두 칸(20평)에 얼마냐고 물어보니 보증금 천만 원에 월 90만 원을 달라고 해서 계약을 했다.

무슨 얘기를 하느냐면, 장기면 사무소 근처에는 세종시와 공주시 사이에 계신 분들이 매물을 내놓고 손님이 오면 주로 이 매물이 있는 그쪽을 안내한다. 반면에 나는 면소재지 입구에서 일하게 되니 주로 세종-정안 간 자동차 전용도로(당시에는 공사 중이었다.) 근처에 매물을 접수받고 손님을 안내하다 보니 2012년도 당시에는 도시가 초창기라 더듬더듬 장님 코끼리 만지는 것처럼 "코끼리 다리를 만진 사람은 코끼리가 다리처럼 생겼다고 하고, 코를 만진 사람은 코끼리가 코처럼 생겼다고 하고, 꼬리를 만진 사람은 꼬리처럼 생겼다고 한다." 그러한 땐데 그쪽으로 일을 하다 보니 윤곽이 잡혔다. 금남에 있을 때는 '세종의 내일은 장기에 있다. 장기로 가야 한다.' 하고 왔는데, 와서 보니 장기에서도 남쪽이 아니라 세종-정안 간 자동차 전용도로가 신설되는 북쪽 지역이 포인트였다.

도시와 접근성도 뛰어나며 경관이 수려해 전원생활을 하기에는 최적의 지역이었다. 불과 직선거리로 100m도 안 되는 위치에 사무실을 얻었는데 사업의 방향을 바꿔놨다.

04
금융을 활용하라

▨ 이 부동산 사무실에 대해서 한 가지 더 얘기하자면, 2017년 6월에 이 건물을 팔았는데 이분들이 2012년도에 땅 100평을 3억에 주고 사서 건물을 짓는데 6천만 원이 소요되었다. 우리 사무실과 옆집은 횟집인데 횟집은 월세가 110만 원이었고, 합해서 200만 원씩 세가 들어온다. 이 건물을 담보로 2억4천만 원을 대출받았다. 연이율 4% 계산을 하면 연간 이자는 960만 원이고, 수입은 2천4백만 원이 된다. 이분들이 받은 금액은 7억이다. 일반적으로 보면 많은 수익을 올렸다. 3억6천만 원 본전에 2억4천만 원 대출을 제외하면 실투자금은 1억2천만 원이고, 등기비와 수수료 합해서 2천만 원을 잡으면 실제 투자금

은 1억4천만 원이 된다. 실제 투자금 1억4천만 원으로 이 금액을 받았으니 제법 수익을 낸 것이다.

'아이고, 그거라도 했으면 좋겠다!'라고 생각하시는 분도 있을 것 같다. 그러나 냉정히 살펴보면 2024년 현재 평당 천오백만 원을 주고 사기도 어려운 물건이다(주변에 매물 자체가 없다).

앞으로 10년 정도 내다보면 이 건물의 가치는 평당 3~4천만 원, 30~40억의 가치는 족히 될 것이다.

"설마요!?"

현재 조성되고 있는 청사 지역의 도시는 곧 개발이 완료되고 인구 80만의 자족 도시로 성장하기 위해서는, 주변 지역에 인구가 10만 명인데, 20만 명을 더 수용해야 한다. 이는 공주시 전체의 인구수의 두 배만큼이며, 200만 평으로 개발되는 위례 신도시의 목표 인구가 11만 명임을 감안해보면 주거지, 상업 용지, 물류 및 첨단산업시설 등 엄청난 토지가 필요로 한데 이 정도의 가치를 평가하는 것은 무리가 아니다.(현재도 금남면 소재지에는 평당 2천만 원을 호가한다.)

"그러면 돈이 필요한데 팔아야지 어떡합니까?"

참 좋은 질문이다. 답은 간단하다. 거래하는 은행의 대부 담당에게 "지금 누가 7억을 주려고 하는데, 팔기는 아깝고 돈은 필요하고…. 좋은 방법이 없을까요?" 하면 답이 나온다.

보통 일반인들이 부동산을 하나 사면 신중하게 결정하는 것이 좋다. 우리처럼 직업으로 하는 사람들이야 사고파는 것이 일이지만, 그렇지 않은 분들은 팔고 나면 더 좋은 매물을 찾기가 어렵다. 부동산을 팔아 현금을 가지고 있으면 이래저래 쓰고 없어지는 경우가 많다. 가만히 살펴보면 세상이 참 재미가 있다.

만약에 누가 우리나라의 최고 대학인 서울대학교를 나왔다. 그리고 아주 오래된 골동품이 있다. 이분 갑자기 돈이 필요하게 되어 은행에 가서 대부 담당 직원에게 "나는 서울대 졸업장이 있고, 아주 오래된 골동품이 있으니 담보로 잡고 대출을 해주세요."라고 하면 대부 담당 직원이 어떻게 반응할까? 그러나 "내가 지금 땅이 있는데 대출이 얼마나 가능할까요?" 하면 "당장 얼마가 필요하십니까?" 하며 땅의 번지는 그다음에 물어본다. 이것이 땅이 가지고 있는 가치이다.

옥천에서는 오일장이 선다. 장날이 되어 장 구경을 하면 참 재미가 있다. 많은 사람이 물건을 사기도 하고 팔기도 하는데, 난전에서 물건을 파시는 분들을 보면 전부가 할머니들이다. 할아버지들이 전을 펴놓고 물건을 파는 경우는 못 본 것 같다.

천막을 치고 갈치, 조기, 고등어 등을 파시는 할머니 한 분이 계시는데 장사하는 모습을 유심히 보면 어떤 손님이 와서 손가락으로 고등어를 가리키며 "저거 얼마에요?" 하고 물어보면 할머니는 살 건지 물어보지도 않고 고등어 꼬리를 왼손에 지고 도마에 탁 가져다놓고 구워 먹을 건지, 지져 먹을 건지를 되묻는다. 그러면 손님이 "구워 먹을 거예요." 하면 고등어 머리를 탁 자르며 "두 마리 3천 원!"이라고 한다. 손질하여 검은 봉지에 담아 건네주며 "갈치도 사라, 오늘 물 좋다." 그러면 손님이 "갈치는 얼만데요?" 하고 묻는다. 할머니는 "내 좋은 놈으로 만 원에 줄게." 하며 도마에 올려놓는다. 손님이 약간 망설이는 눈치를 하면 한 마리를 더 올려서 "두 마리에 만오천 원 해라." 이렇게 판다.

경험 많은 은행의 대부 담당과 비슷하다. 옛날에는 은행의 지점장이나 혹은 여신을 담당하는 직원들이 '갑'이었다. 우리가 처음 부동산을 장만하여 여신 담당과 상담을 할 때만 해도 금융기관의 관계자들이 속된 말로 어깨에 힘을 줬다. 우리는 약간 눈치를 보며 그들 비위를 맞추었다. 10년 전의 일이다.

어떤 조사에 따르면 중소기업 하시는 분들이 제일 만나기 싫은 사람이 은행의 지점장이란 조사 결과가 있다. 꼭 만나야 할 사람이지만 대출이 거절되면 어쩌나 하는 마음에 부담이 컸다는 얘기다. 지금은 다르다. 은행에서 취급하는 돈도 하나의 상품이다. 금융은 그 상품을 팔아서 이익을 내야 운영이 된다. 좋은 물건 가지

고 있으면 은행에서 먼저 돈을 주려고 한다. 대출을 좀 더 해달라
고 요청을 하면 그쪽에서 방법을 찾는다. 이제 눈치 봐가며 상담
하지 않아도 된다. 사업하기 참 좋아졌다.

05
땅값은 **용도가 결정한다**

■ 어느 날 택시를 타고 대전에 나가는데 택시 기사님이 부동산을 하느냐고 묻는다. 웃으며 "얼굴에 부동산이라고 쓰여 있습니까?" 하니까 그런 게 아니고 부동산 사무실 앞에서 몇 번 봤다고 한다.

당시에는 내 소유의 자동차가 없어 출근길에는 아내가 태워주고, 출근하면 소장님의 차를 가지고 업무를 보았다. 조금 불편했을 뿐 큰 어려움은 없었다. 가끔 택시도 타고….

'자동차 한 대 살려면 재정이 소요되는데, 그 돈으로 땅이라도 조금 더 사자.' 이런 마음이었다. 그러면서 이분이 하시는 말씀이 "저기 길가에 원룸을 짓는 저 땅이 자기 아는 사람의 땅인데, 큰 돈을 벌었다."라고 자랑을 한다고 한다.

땅이 1,200평인데 몇 년 전에 평당 15만 원에 사서 120만 원에 팔았다며 좋아한다고 한다. 그리고 200평은 자기도 원룸을 한 채 지을 요량으로 남겨두고 팔았다는 것이다.

그때가 2013년 겨울이었던 것 같다.

기사분에게 "이분은 남겨놓은 200평도 금세 팔겠습니다. 그리고 그분은 얼마 남은 게 아니라 수십억 손해를 봤습니다." 그랬더니 이해할 수 없다는 표정을 짓는다.

얼마 지나지 않아 남은 200평도 팔렸다는 소문을 들었다.

현재 그 토지의 가치는 평당 700만 원 이상 평가할 수 있다.

그 땅을 사서 원룸을 지은 그분도 그 땅에 원룸을 지을 것이 아니라 그냥 나대지로 두어야 했다.

땅 위에 어떤 구조물을 올려 결정을 하면 그 땅은 그것으로 용도가 끝난다.

위와 같이 2차선에 넓게 접한 계획관리지역의 토지는 도시가 성장함에 따라 어떤 용도로 사용될지 천천히 두고 결정을 하는 것이 좋다.

고향에 아재뻘 되시는 분이 울산에서 카센터를 하는데, 얼마 전에 세종시 인근에 카센터를 할 수 있는 땅을 알아봐 달라고 전화가 와서 부동산 몇 군데에 추천해줄 물건이 있으면 연락을 달라고 부탁하였다. 몇 군데 추천받아서 답사를 했는데 마땅한 땅이 없었다.

이 아재도 그 먼 데서 여기까지 여러 번 와서 알아보고 했지만, 결국에는 마음에 드는 땅을 찾지 못하고 지금은 조용하다.

위의 원룸 지은 땅 정도라면 한 200평 정도 분할하여 평당 700만 원 정도 하면 충분히 매매했을 것이다.

땅은 한 필지 장만하는 것도 중요하지만, 장만했을 경우 멀리 보고 깊이 생각해야 한다.

06
소유권의 엄중함을 가르쳐준 땅_
대교리 고향 전원 마을 예정 부지

Q 벼가 익은 논 옆에서 인삼밭 좌측까지 나지막한 임야

Q 대교리 고향 전원 마을 예정 부지 주변 모습

▣ 2011년 생활정보지 광고란에 연서면 수산리 임야가 하나 소개되어있어 그 땅을 볼 수 있냐고 하니 안내를 하겠다고 해서 우리 사무실에서 만나 현장 답사를 했다. "땅이 마음에 들지 않아 다른 거 없어요?" 하니까 위의 물건을 소개한다. 가만히 보니 낮은 야산이고, 신도시와 가깝고, 주변에는 전원주택지를 개발해서 집을 짓고 있었다. 아늑한 느낌으로 주택지로서는 그런대로 좋아 보였다. 가격은 얼마냐고 하니까 얼마라고 하는데 건축법상 도로가 없는 맹지다.

사무실에 와서 알아보니 폭 6m로 도로를 내는데 앞집 땅 131평이 편입되어야 한다는 것이다. 땅을 안내한 그분께 전화해서 도로 문제를 협의를 해봤냐고 하니까 다른 사람이 알아봤는데 안 해준다고 하더라고 한다. 다시 현장에 가보니 앞집 땅 경계로 관습도로가 있어 내 생각에 땅을 가로질러 가는 것도 아니고 집 옆 경계로 도로가 있는데 굳이 안 해줄 이유도 없겠다는 생각이 들었다. 주변이 개발되면 그 집 땅 가치도 높아지는 것이고, 당시에 주변에 개발해놓은 땅이 평당 50~60만 원에 분양하고 있으니 좀 넉넉하게 쳐서 평당 150만 원에 매입하면 131평에 2억 정도 소요되고, 사고자 하는 땅이 4천5백 평 정도 되니 원가 상승률도 별로 높지 않아 큰 문제는 아니라고 생각되었다.

곰곰이 생각을 해보니 다른 사람이 갔을 때 도로 사용을 안 해준다는 것은 당연한 것 같고, 누가 모르는 사람이 와서 "길을 좀 내주세요." 하면 누가 "예." 하겠는가? 땅을 안내한 부동산 사장님에게 "이 땅은 맹지이고, 단점이 많으니까 가격 협의를 잘해보세요."라고 했다. 그렇게 이 땅을 매입하고 길을 협의하러 갔더니 얘기도 하지 말란다. 다니는 건 자유롭게 다니되 공식적으로 사용 승낙은 못 해주겠다고 한다.

2011년 세종시가 아직 출범도 하기 전에 나름대로 큰 뜻을 품고 이곳에 와서 하는 첫 사업인데, 이렇게 길이 막히니 눈앞이 캄캄했다. 어떻게든 해결을 해야 하니 그분을 잘 아는 사람의 도움을 받아 방법을 찾는데 들려오는 소리는 신통치 않다.

실수는 누구나 할 수 있는 일이고, 여기에 마음을 두면 안 되겠다는 생각을 하게 되었다. 깨끗이 잊고 더 힘을 내자!

그해 봄 이분을 마을회관 앞에서 만났다. 그 땅에 밭으로 사용하는 부분을 자기들이 작물을 가꿀 수 있게 해달라고 한다. 그렇게 하라고 하니 "도지는 얼마나 줄까요?" 하기에 그냥 하라고 했다. 그해 가을에 알밤을 한 자루 가져오셨다. "기왕 가지고 오셨으니 잘 먹겠습니다. 다음부터는 이렇게 하시지 않아도 됩니다."라고 했다. 정말 그 뒤로는 소식이 없었다.

07
이 땅을 매매하다

🏴 2018년 2월 눈도 많이 내리고 유난히도 춥다. 사무실에서 차도 마시고 책도 좀 읽으며 편안한 시간을 보내고 있는데 전화가 왔다. 대교리에 있는 땅을 누가 사고 싶다고 하는데 팔 마음이 있냐고 한다.

"얼마면 적당할까요?"

"평당 36만 원이면 어떠셔요?"

"수수료는 얼마나 드려요?"

"평당 만 원 주시면 좋겠습니다."

"생각해보고 전화 드릴게요."

하고는 누가 길도 없는 땅을 그렇게 많은 돈을 주고 사겠나 싶어 별 생각 없이 있는데 이틀이 지나고 다시 전화가 왔다. 수수료에 대한 것은 "세금계산서 발행하고 진행하세요." 그랬더니 다음 날 오후 3시경에 부동산 하시는 분하고 젊은 사람 3분이 사무실에 왔다. "무슨 용도로 쓰시려고 하세요?"라고 물으니 자기들도 전원주택지를 개발해보고 싶다고 한다. "진입로가 없는데 앞집하고는 상의를 해봤습니까?" 하니 "아직은 안 해봤지만 어떻게 되도록 해봐야지요." 하며 중도금까지는 내고 잔금은 좀 여유 있게 해달라 한다. "중도금 줄 돈으로 길을 협의하는 데 사용하시고 잔금은 여유를 드리지요." 그렇게 하니 땅 사러 오신 분들이 감사하다고 인사를 여러 번 한다. 젊은 두 분은 형제지간이라고 한다. 이렇게 해서 이 땅은 2011년 12월에 계약하고 이듬해 2월에 등기했는데, 2018년 2월에 매매했다.

이 토지의 매입 가격이 10억 등기비와 수수료를 합해 6천만 원, 신협에 5억을 대출을 받아 그동안 이자가 1억5천만 원 지급되었고, 4,520평을 수수료 제외하고 평당 35만 원 하면 15억8천만 원이다.

이렇게 성장하는 도시에서 투자 수익이라고 할 것도 없어 계산은 생략한다. 그때 조금만 침착했으면 지금쯤 큰 재산이 되었을 텐데 왜 침착하지 못했을까? 소유권의 엄중함을 잘 이해하지 못했기 때문이다. 단순히 주변 시세와 비교해서 값을 더 쳐주면 문제가 해결될 거로 생각했다.

대부분의 사람은 토지를 생명과 같이 귀하게 여긴다. 돈 얼마로 해결될 거라는 생각은 자본주의 사상에 익숙한 가벼움의 결과였다.

지금 생각해보니 이분들이 알밤 한 자루를 가져 왔을 때 기왕 가져오셨으니 "감사히 잘 먹겠습니다. 밤산은 어디인가요? 내년부터는 이만큼을 함께 가서 줍지요." 그렇게 했다면 이분들도 "그렇게 합시다." 했을 것이다. 그러면 그 많은 시간 소통하고 결과가 달라졌을 수도 있었을 것 같다. 무엇보다도 나누면 풍성해진다고 했는데, 그분들과 나눔의 기회를 막은 것 같다.

이렇게 생각을 해보니 우리한테는 논과 밭이 많이 있다. 그 땅에 다른 분들이 농사를 지어 가을에 수확하면 콩, 깨 등 작물을 가져온다. 한사코 마음만 받겠다 하고 거절을 하는데, 그것이 그분들에게 조금이라도 도움을 준다고 생각한 것이다. 지금은 가을이 되어도 아무도 수확한 것을 가져온다거나 고맙다는 얘기를 하는 사람이 없다. 그분들이 나누어서 풍성해질 수 있는 길을 막은 것 같다. 앞으로는 감사한 마음을 전하는 분이 계시면 따뜻한 마음으로 잘 받아야겠다는 생각이 든다.

08
할아버지의 **땅 사랑법**

■ 옥천에서 일할 때 동이면 도로변에 푹 꺼진 논 일곱 다랑이가 있었다. 도로공사를 하며 흙이 남아 현장 소장이 이 일곱 다랑논에 흙을 채워준다고 하니 논 주인들이 얼마나 좋아하는지…. 그런데 문제가 생겼다. 세 번째 다랑논 주인이 연세가 드신 할아버지인데 흙을 채우지 않겠다고 한 것이다. 이유인 즉, 이 논은 아버지한테서 물려받았고, 여기에 농사를 지어서 아들, 딸들에게 식량을 대어주는데 흙을 채울 이유가 없다는 것이다. 뒤에 논 주인은 좀 젊은 분인데 이분이 그 할아버지에게 그 논을 자기한테 팔고 들에 농사짓기 좋은 논을 사서 농사를 지으면 어떻겠냐고 제안을 하자, 할아버지는 "젊은 사람이 말귀를 못 알아먹어!" 하며 벌컥 화를 내신다. "이 논은 우리 아버지한테 물

려받았고, 농사를 지어서 아들, 딸 양식을 대어준다니까!" 그때 마음에 큰 울림은 있었지만, 소유권의 엄중함에 대해서 교훈을 얻지 못한 것 같다. 따라서 앞장의 맹지처럼 그런 일이 일어난 것이다.

09
길이 되어준 땅_
송문리 고향 전원 마을

■ 대교리의 길이 없는 땅을 매입하고 앞집 땅 주인과 도로 문제를 협의하려고 하는데, 아예 상대를 해주지 않았다. 어떻게 해볼 방법이 없어 마음이 무거울 때 도로를 협의하게 되면 사용하려고 1억을 준비하고 있었는데, '이 돈 1억으로 다시 시작하자!' 이렇게 생각을 하니 마음이 가벼워졌다.

2012년 7월 1일, 세종시가 공식 출범하였는데, 이때는 그해 3월이다. 당시 세종시가 잘될 거라는 사람이 있었지만, 잘 안 될 거라는 사람도 많았다. 또 세종시가 공식 출범하면 토지거래 허가구역으로 묶어 거래를 어렵게 하고, 난개발 방지를 위해 개발행위 허가가 제한되고 어려움이 많을 거라는 등 나름대로는 일리가 있어 보이는 주장들이 난무했다.

누가 무슨 말을 하든지 개의치 않고 좋은 땅을 찾기 위해 부지런히 많은 부동산을 방문한다. 그러던 중 위의 이 물건을 만났다. 땅을 소개하신 분이 여자분인데, 대전에서 부동산 일을 하다가 세종시에 온 지 얼마 안 되었다고 한다.

이 땅을 답사했을 때 느낌은 일조량이 풍부하고 앞이 탁 트여 경관이 좋은 시원한 느낌의 밤산이었다. 얼마냐고 물어보니 평당 35만 원이라고 한다. 땅이 4,300평이니까 땅값이 15억 원이다. 가지고 있는 1억으로는 계약금도 안 된다. 무슨 뾰족한 수가 있나 생각을 해봐도 뾰족한 수가 있을 리 없다.

다음 날 땅을 안내했던 여자분한테 전화가 왔다.

"그 땅 마음에 드세요?"

"예, 좋네요."

"저도 그 땅이 마음에 드는데 우리 함께 살래요?"

우리 사무실에 차 한잔하러 오시라고 했더니 금세 왔다.

땅 주인은 어떤 분이냐고 하니 상속받은 땅인데 삼 형제라고 한다. 한 분은 돌아가셨는데 자녀분들이 이참에 팔아서 정리하려고 한단다. 잔금은 6월 말까지 가능하다고 해서 "그러면 우리가 같이 삽시다." 라고 했다.

땅 주인 중 한 분이 계약하러 오셨는데 "인허가는 받을 수 있도록 서류를 준비해주시고, 일부는 팔아서 잔금을 해야 하는데 협조해주실 수 있겠습니까?" 하니까 얼마든지 협조를 하시겠다고 해서 6월 30일 잔금을 내는 것으로 계약을 했다.

당시는 공주시 장기면이었는데 시 허가과에는 진풍경이 벌어지는데 난리 중의 난리다.

설계 사무소 소장들은 아예 의자를 가져다 놓고 시 공무원 뒤에 앉아서 자기 서류 먼저 검토해달라고 하고, 민원인들도 앞으로 옆으로 한가득이다.

곧 세종시가 되면 이곳 장기면이 세종시로 편입되는데 그러면 어떻게 될지 모르니 초초한 마음에 이곳에서 허가를 받으려고 하는 것이다.

나 역시 마찬가지로 마음이 바쁘다. 빨리 허가를 득(得)해서 일부라도 땅을 팔아야 잔금을 치를 수 있는데 설계 사무소 소장은 다른 일 잔뜩 맡아 놓고 우리 일은 뒷전이다. 바쁜 마음에 전화해서 물어보면 잘 돼 간다고 하는데 별다른 진척이 없다. 아마 서류 접수하는 데만도 한 달 이상 걸린 것 같다. 그러는 와중에도 틈만 나면 땅에 가보는데 자꾸 가니까 땅이 좋아 정이 든다.

　한날 함께 땅을 산 분이 사무실에 오셨는데 자기는 아래로 500평을 팔았다고 해서 "나머지도 파실 건가요?" 하고 물으니 자기 집 지을 거리 정도만 남기고 판다고 한다. 그럼 우리가 사겠다고 해서 얼마를 더 주기로 하고 매입을 했는데 허가만 나면 잔금을 치를 자신이 있었다.

　우여곡절 끝에 허가가 나고 공사를 시작했는데 많은 분이 오셔서 땅이 좋다고 너도나도 한 필지씩 사니까 무사히 잔금을 치르고 등기를 한 후에 공사를 단정히 하고 필지 분할을 해서 등기 이전을 해주었다. 드디어 길이 보이기 시작했다. 참 감사한 일이다.

10
보람과 긍지를 안겨주는 택지 조성_
태산리 고향 한옥 전원 마을

■ 세종-정안 간 자동차 전용도로에서 중흥 나들목을 나와 세종시 방향으로 의량초등학교 뒤에 있다.

　세종시가 출범하자 많은 사람이 토지를 찾아다니는데 중년의 남자 두 분이 우리 사무실을 방문했다. 쓸 만한 땅이 있으면 소개를 해달라고 해서 송학 전원 마을에 땅을 안내하고 오는 길에 두 분 중에 한 분이 위의 토지를 얼마에 안내를 받았는데 어떠냐고 묻는다. 가서 보니 잡목이 우거져있는 나지막한 통산 하나이다. 묘지는 엄청 많고 왕릉같이 크고 잘 가꾸어놓은 묘지도 많았다. "그 값이면 사시지요?" 했더니 면적이 너무 커서 재정이 어렵고 저렇게 묘지가 많은데 해결이 되겠냐고 하며 난감해 한다. 속으로 '잘됐다. 이거 우리가 사자.' 이렇게 생각하고 사무실에 와서 등기부 등본을 열람을 해보니 공주의 한 마을금고에서 얼마간의 대출을 받은 상태였다.

　마을금고에 전화해서 대부 담당에게 "위의 땅 번지를 말하며 팔려고 내놓았다고 하는데 내 전화번호를 가르쳐드릴 테니 땅 주인에게 연락 좀 해달라고 하셔요." 하고 부탁했는데 다음 날도 전화가 안 와서 대부 담당에게 다시 전화하니 전화했다고 하면서 다시 전화를 해보겠다고 한다. 조금 있으니까 땅 주인에게 전화가 왔다.

　"그래, 땅을 내놓은 게 맞습니까?"

　"내놓은 것은 맞는데 아버지가 진행하고 있는 분이 있으니까 일단 기다려봐야 합니다."

"얼마나 걸릴까요?"

"한 열흘만 주세요."

"잘 안되면 열흘 후에 우리와 해야 합니다."

"그렇게 하지요."

이 땅은 할아버지가 손주에게 상속한 땅이라 땅 주인이 젊은데 보는 바와 같이 순진하다. 살 사람 있으면 어차피 내놓은 물건 팔면 되지 뭐 한다고 열흘을 기다리나? 우리는 계약금을 만들어야 하니까 열흘은 꼭 필요한 시간이다.

열흘이 다 되었는데 저쪽 매수 희망자가 현 위치에 있는 묘지 전부를 이장해주는 조건으로 땅을 매입하겠다고 한다. 매도하시는 이분은 그 땅의 묘지를 이장하라 할 입장이 못 된다. 자기 조상 세사를 지내는 17대, 18대 등 묘가 수두룩한데 어떻게 옮기라고 하겠는가? 그 자손들은 얼마나 많겠으며 분묘 기지권도 있고…. 하지만 땅이 좋아서 나머지는 신경을 쓰고 싶지 않았다.

토지를 장만한다는 것은 큰 재정과 엄청난 정신적인 에너지가 소요되기 때문에 단점이 보이면 매입 자체가 불가능하다는 것을 알기 때문이다.

당시의 재정으로는 이 큰 땅을 다 사기가 어려워 묘지가 없는 아래쪽에는 다른 분에게 매매하고 나니 우리 땅은 전부 묘지인 것처럼 보인다. 꼭 돈을 주고 남의 조상 묘를 산 것 같았다. 사실 땅이 좋아서 사긴 했지만, 마음속으로는 걱정이 태산이다.

우리 일을 많이 하는 장묘업체 사장님에게 현장을 보여줬더니 자기도 많은 경험이 있지만 여기는 어려울 것 같다고 한다. 특히 세사 지내는 저 묘들은 불가능하다고 한다. 장묘업체 사장님에게 "다른 방법이 없습니다. 최선을 다해보세요. 내 사례는 넉넉히 하지요."라고 했으나 사례를 넉넉히 한다고 해결될 문제가 아니었다. 묘지를 이장하지 않고서는 주택지가 될 수 없다는 것을 묘지 주인들은 너무나 잘 알고 있었다.

며칠이 지나고 장묘업체 사장님이 수심이 가득한 얼굴로 몇 분을 만났는데 얘기도 못 붙이겠다며 "어떻게 하지요?" 한다. 입장을 바꿔 우리 부모님 산소가 있는 땅을 누군가 개발한다고 이장을 하라고 하면 낸들 좋겠는가? 장묘업체 사장님에게 시간을 가지고 천천히 해결합시다. 감정이 상하면 해결하기가 더 어려우니 그분들에게 오해할만한 말이나 행동을 해서는 안 됩니다. 하고 말은 했지만, 앞이 캄캄하다.

부동산 사업은 기본적으로 큰 재정이 소요된다. 택지로 조성해서 매매를 하든지, 금융에 대출을 받든지 해서 재정을 해결해야 하는데 이런 상태로 누가 땅을 살 것이며, 어느 금융기관에서 대출을 해주겠는가? 다른 한편에서는 묘지가 없는 부분에 개발 행위 허가를 받는데 문화체육관광부서에서 매장문화재 조사를 하라고 협의를 해줬다. 그동안에 듣지도, 보지도 못한 일이라 난감하지만 개발 사업을 하려면 조사를 할 수밖에 없어 시굴 조사를 실시했는데, 조사비용만 해도 만만치 않다. 조사를 해보니 문화 재청에 허가를 받아 정밀 조사를 해야 한다는데, 이 비용이 땅값과 맞먹는다. 사업을 안 하려면 그냥 덮으면 되지만 사업을 하려면 방법이 없다.

정밀 조사를 하는데 1,500년 전쯤으로 추정이 되는 집터가 여러 군데 발견되었다. 이 집터는 그 시대에 이쪽 지역의 구조가 아닌 남방 지역에서 발견되는 구조이기 때문에 학술적인 가치가 높아 존치할 수 있다고 한다. "갈수록 태산이다." 하는 말이 실감 나는 순간이다. 다행히 문화재 위원들이 존치하게 되면 사유재산의 침해가 크므로 기록으로만 남기고 개발을 허락해야 한다는 의견으로 보고서를 작성하여 문화재청으로부터 개발 허가를 득(得)할 수 있었다.

토지를 매입하고 한참을 지나니 어르신 세 분이 장묘업체 사장님과 함께 사무실을 방문했는데, 자기네 묘지를 이장하는 데 협의를 하자고 한다. 해서 업체 사장님에게 의뢰해놨으니까 여기 사장님하고 얘기하시면 된다고 해도 나하고 직접 하겠다고 한다. 말씀하라고 하니 한 기(基)를 이장하는 데 얼마의 비용을 달라고 하는데 제법 큰 액수다. "그렇게 하세요. 여기 계좌번호 적으시고, 언제까지 이장할지 한 장 써주세요."라고 하자 장묘업체 사장님께서 그렇게 많은 금액은 안 된다고 말린다. 여기 있는 묘지들이 모두 집안 사촌 혹은 육촌지간인데 대번에 소문이 나고, 다른 사람들은 더 많은 금액을 요구할 텐데 어떻게 할 거냐고 반대를 한다. 더 이상 다툴 힘이 없어 웃으며 "요구하라고 하세요."라고 했다. 그렇게 한 기가 해결되고, 한참 있으니 장묘업체 사장님으로부터 전화가 와서 다른 분들도 이장하기는 할 모양인데 너무 많은 금액을 요구한다고 한다. "잘 알았습니다. 그분들을 모시고 오세요." 그렇게 해서 개인들의 묘는 전부 이장을 했는데 이제 종중묘가 남았다. 워낙에 큰 종중이라 종원들도 많지만, 이 종중의 회장은 모 지방자치단체의 시장을 지내신 분이라 행정에 환하다. 마음속으로 '이 일은 인력으로 될 일이 아니다.' 생각하고 조용히 기다리기로 했다.

한참을 지나니 다른 사람을 통해 협의하자고 한다. 종중 총회 때 이 문제를 안건으로 상정한다는 것이다. 얼마나 반가운지…. 요청하는 대로 하겠다고 했다. 종중의 총무와 종손이 얼마간의 이장 비용을 얘기해서 그렇게 하자고 하며 모든 문제가 해결되었는데, 참 신기한 일이 있다.

이 땅 전부가 황토인데, 종중 묘가 있던 곳은 회색빛이 나는 백토인데 밀가루처럼 흙이 부드럽다. 토목공사를 하고 나니 백토와 황토가 섞여서 인근 토질과 비슷하다. 지금 돌이켜 생각해보면 참 무모하다는 생각도 들지만, 시간을 돌려도 그렇게 했을 것 같다. 이곳에는 한옥마을로 조성하려고 한다. 가족들이 화목하게 생활할 수 있는 좋은 터를 만든다는 것은 사명과 같은 일이기 때문이다. 이제는 큰 보람을 느낀다.

▌ 디즈니랜드를 건설한 월트 디즈니의 일화를 들은 적이 있다. 월트 디즈니는 디즈니랜드를 건설하는 중에 세상을 떠났는데 완공식 때 한 기자가 디즈니 부인에게 질문했다. "디즈니 선생께서 이와 같이 훌륭한 장면을 보시고 세상을 떠나셨다면 좋았을 텐데 너무나 아쉽습니다." 하며 디즈니 부인에게 소감을 묻자 디즈니 부인은 이렇게 대답을 했다.

"제 남편 디즈니는 이 광경을 보았습니다. 제 남편은 무엇보다도 생생하게 이 광경을 목격하고 즐거운 마음으로 천국에 가셨습니다."

그렇다. 꿈을 꾸고 상상하는 사람은 미래를 본다. 그 미래를 보기 때문에 어떤 어려움이 닥치더라도 이길 힘이 생기는 것이다. 희망을 갖고 꿈을 꾸는 데는 비용이 들지 않는다. 얼마든지 자유롭게 꿈을 꾸며 미래를 상상해도 된다. 그리고 할 수 있는 일부터 실천하면 된다.

이 책에 소개된 토지들은 모두 나와 그리고 함께 일하는 소장님 소유다. 이 많은 토지를 어떻게 장만했을까? 이 책에서 보는 바와 같이 부동산 중개를 하며 5년 만에 천구백만 원 대출받고 오천만 원짜리 땅 하나 산 게 처음이다. 그 후 10여 년간 장만한 토지는 20만여 평 되며 현재 시세로 천억 원 정도의 가치가 된다.

그동안 경매해서 낙찰받는다든지 급매물을 사서 갑자기 큰 수익을 낸다든지 하는 경우는 없었다. 특히, 경매는 해보지도 않았다. 오히려 땅을 살 때 돈을 더 달라고 하면 더 주고 산 적은 많다. 그러면 그게 어떻게 가능한 일일까?

수많은 상황이 있겠지만 단 한 가지 제안을 한다면, 지금 현 위치에서 3년을 보고 그 이후 3년을 바라보는 마음을 가지라고 권하고 싶다. 내일이 되면 내일 또 그렇게 생각하고…. 그렇게 하면 그 평범한 생각이 쌓여 비범한 결과를 만들어 내는 것이다.

사과 속의 씨는 누구나 셀 수 있지만, 씨 속의 사과는 아무나 못 본다. 사과씨 하나를 심어 사과나무가 되었을 때 그 과실의 풍성함은 당연한 이치인데, 아무나 보지 못한다. 그 이유는 스스로 한계를 정하기 때문이라고 생각한다.

토지에 투자를 생각하면서 지금 다 올랐다고 스스로 한계를 정하기 때문에 풍성함을 못 보는 것이다.

　지난 2012년 세종시가 출범했을 때, 도시가 잘 될 거라는 사람은 토지를 장만했고, 그렇지 않은 사람은 장만하지 못했다. 도시가 멋지게 건설되는 모습을 보면서도 여기까지라고 생각하는 사람이 있다. 이와 같이 스스로 한계를 정하는 사람은 풍성한 미래에 대해 씨를 심지 못하는 것 같다.

　이 글을 쓰는 목적은 그동안의 일을 기록으로 남기고, 주장하는 바들이 어떻게 실현되는가를 보고 여러분이 참고로 하여 풍요로운 미래를 향해 방향을 정할 수 있도록 하기 위해서다.

　부동산 일을 하면서 많은 사람을 봤는데 급매물로 나온 땅만 찾는 사람들이 있고, 또 엄청 깎아달라는 사람들이 있다. 남의 약점을 이용해서 자기 이익을 챙기려는 것이다. 그럴 수 있다고 본다. 그러나 주위에서 그런 사람이 성공하는 경우는 못 본 것 같다. 그렇게 해서는 성공할 수 없다. 그릇이 작기 때문에 많이 담을 수가 없다. 또 얼른 돈을 벌고 싶은 사람이 있다. 올해 사서 내년에 두 배로 늘려야 한다. 이런 사람도 성공하기 어렵다. 왜냐하면, 세상에 그런 물건은 잘 없기 때문이다. 혹 있다고 하더라도 그런 사람한테는 안 간다. 그러니 결국은 시작해 볼 기회도 갖지 못하는 것이다.

　풍요로운 미래를 소망하시는 분이라면 부의 원천인 이 토지를 느긋한 마음을 가지고 지금부터 3년, 그 이후 3년을 생각해 보시기 바란다.

PART 5

땅 투자,
무엇이
비결일까?

01
좋은 터는 시대를 초월한다_
송학리 고향 전원 마을

🔍 필자가 근무하는 사무실
(세종시 장군면 송학리 소재 행복한 송학교회 뒤편)

■ 송문리 고향 전원 마을을 매입하고, 조성한 지 얼마 지나지 않아 중년의 부부가 사무실을 방문했다. 송문리의 택지를 얼마에 매매하냐고 묻기에 얼마라고 얘기하니까 자기도 송학리에 땅이 있는데 팔면 얼마나 받을 수 있을지를 물었다.

Daum 지도를 보니 늘 다니는 곳이라 아는 땅이었고, 평소에도 참 좋은 땅이라고 생각했던 그 땅이다.

"얼마 정도는 받겠어요."라고 하자 고맙다고 인사를 하고 가셨는데 연락처를 받아놓지를 못했다. 조금 지나니까 팔렸다는 소문이 나서 수소문을 해보니 다섯 분이 공동으로 매입했는데 그중 한 분은 알 만한 사람이었다.

한참을 지나고 잔금을 했다는 소식이 없어 어떻게 되었냐고 하니까 이 땅에 있는 묘지 전부를 이장해주기로 했는데 그게 해결이 안 돼서 잔금 지급을 미뤘다고 한다. 한데 이 땅을 매도한 이분들은 계약금을 배로 배상하고 해지를 하고 싶은데 중도금까지 넘어간 상태라 매수한 분들이 해지를 안 하겠다고 하니 소송을 시작했다. 1심 재판에서 1년, 항소해서 1년이 걸렸다. 땅을 계약하고 약 3년 만에 매수한 다섯 분이 이겨서 2016년 3월에 등기를 하게 되었다.

우리는 그동안 다른 땅을 사서 열심히 조성하며 이 땅을 살 수 있는 환경이 열리기를 기다렸다. 이제 다섯 분이 이겼으니 이분들과 협의를 해서 매입을 해야겠는데 그 전에 매장문화재에 관해 우리 일을 하는 조사 기관의 실장님에게 현장을 답사하고 의견을 물어보니 이 땅은 100% 매장문화재가 존재한다는 것이다.

"조사비용이 얼마나 들겠어요?" 하자 "꼭 사야겠어요?" 하며 "어지간하면 다른 땅 사시지요." 한다.

비용이 문제가 아니라 저 밑에 동네 평기리에는 까딱하면 존치할 뻔했다고 겁(?)을 준다. 이 땅을 사서 조성하면 좋은 집터가 될 것 같은데 고민이 많이 되었다.

한 사흘 나름 깊이 생각한 끝에 "구더기 겁나 장 못 담글까." 하는 속담처럼 마음의 결정을 내리고 다섯 분과 협의를 하는데 이분들이 산값에 두 배로 가격을 정하고 계약을 하려고 하는데 이분들이 3월에 등기를 했고, 이때가 6월이라 단기 매매가 되어 세율이 너무 높다고 매매하기가 어렵다고 한다.

땅 하나 장만하는 게 산 넘어 산이다. 그러면 만 2년이 지나고 2018년 3월에 등기를 하기로 하고, 그동안에 이분들의 명의로 허가를 받아 사업을 진행하는 것으로 협의하여 2016년 6월에 계약했다.

사업을 진행해보니 역시 문화체육관광부서에서는 시굴 조사를 하라고 협의를 해주었고, 조사를 해보니 문화재청의 허가를 받아 정밀 조사를 해야 한다고 해서 정밀 조사를 했는데, 통일신라 시대에 만든 것으로 추정되는 '환호'가 발견되었다. 환호가 뭔고 하니 집을 짓고 밤에 짐승들이 못 오도록 집 주위에 구렁을 깊게 파놓은 것을 말하는데, 굉장한 세도가가 살았다는 뜻이다. 이쪽

지역에서는 처음으로 발견되는 문화재로 학술적 가치가 높아 존치해야 한다고 한다. 위원들이 현장 답사를 하고 우리 사무실에서 PPT를 하는데 나보고 하고 싶은 말이 있으면 하라고 해서 "기록으로만 남기고 개발하게 해주세요." 했다.

문화재 조사기관의 원장님이 "아직 결정된 건 아니니깐 문화재청에서 다시 자문 위원들하고 협의할 겁니다. 그때 잘 말해보세요." 한다.

2주일이 지나고 자문 위원들이 왔는데 자기들끼리 속닥속닥하더니 할 말 있으면 하라고 한다. 참 어이가 없다. 내 요청대로 해줄 것도 아니면서 뭘 말하라고 하는 건지…,

그렇게 그분들은 가시고 조사기관의 실장님이 대전에 있는 문화재청에서 담당자가 한번 보자고 하는데 언제 시간이 좋으냐고 물어 다음 주 월요일 10시에 보자고 했다.

담당자를 만났는데 위원들이 결정한 대로 따를 수밖에 없다고 한다. 그럼 바쁜 사람 뭐 하러 부른 건지 이해가 안 간다.

청에서 시킨 대로 존치를 하는데 그 큰 비용을 우리가 내고, 우리 땅에 존치하고, 뭐가 좀 이상하다는 생각이 들었다.

환호가 발견된 것이 저 위쪽 경계 지점이라 천만다행이다. 부지 가운데였으면 큰일 날 뻔했다. 경제적인 손실은 있지만 그래도 좋은 터라 위안이 된다. 나중에 잘 보전하여 공원처럼 가꿀 예정이다.

02
용기 있는 결정

Q 중흥리 고향 전원 마을 현장

■ 부동산 일을 하시는 분들이 매물을 올리고 정보를 얻는 '우체통'이라는 사이트가 있다. 어느 날, 이 사이트를 통해 매물을 접하고 현장 답사를 해보니 남향으로 세종-정안 간 중흥 나들목에 위치해 도시와 접근성 등 집터로서는 나무랄 데 없는 좋은 조건을 갖추고 있었다.

그림에서 좌측에 개울이 있는데 개울가 길을 따라가며 산을 보니 암반이 툭툭 튀어나와 있었다. '아, 이 산을 개발하면 속은 다 암반이겠구나?' 이런 생각이 들었다. 모든 조건은 기가 막히는데 암반이 나오면 개발 비용도 너무 많이 들겠지만, 억지로 돌을 깨서 집터를 한다는 게 영 마음에 걸린다.

다음 날 다시 갔는데 어제와 같은 생각이 든다. 시간이 지나면서 '그만 포기할까?' 이런 마음도 들고 좀 과장해서 말하면 백 번은 가본 것 같다. 산은 우거져서 들어갈 엄두는 못 내보고 처음에는 발 하나 디딜 공간도 없었다.

어쨌든 이 토지를 매입하기로 결정했다. 결정한 배경에는 암(巖)이 나오면 비용이 얼마가 들든지 간에 충분히 파내고 부지 위에 좋은 흙으로 채워서 안정된 집터로 만든다. 이렇게 생각을 하니까 마음이 가벼워졌다.

드디어 1차 허가가 났다. 그림 좌측에 보면 있는 조그마한 다리에서 마음을 졸이며 현장을 바라보고 있는데, 포클레인 텐이 25톤 덤프트럭에 흙을 파서 싣는데 잘 파지고 있다. '아, 다행이다.'

하면서도 더 파고 들어가면 알 수 없는 일이라 일단 두고 보기로 하고 사무실에 왔다.

오후 3시쯤 현장에 가보니까 흙이 잘 파지고 있다. 다리 밑을 보니 깨끗한 시냇물에 물고기들이 상당히 많다. 어찌나 예쁜지…. 이렇게 2차, 3차 허가가 나서 공사를 하는데 암(巖)이 하나도 나오지 않았다. 어떻게 그런 일이 있는지 참 감사하다.

공사하면서 실어낸 흙이 25톤 덤프트럭으로 1만 대는 족히 될 텐데 그 좁은 시골길에 1만 대 실어 날랐으면 왕복으로 2만 번은 다녔다는 얘긴데, 민원 한번 없이 진행할 수 있도록 해주신 마을 분들에게 다시 한 번 감사의 말씀을 드리고 싶다.

그림 좌측에서 세 번째까지가 처음 매입한 땅이다. 이제 암도 안 나오고 옆에 붙은 산을 사야겠는데, 동래 정(鄭)씨 종중 산이다. 누구를 통하여 매도할 의사가 있는지 알아보니 매도할 의사가 있다고 한다. 종중 회장님을 만나서 매가를 정하고 가을 세사 때 종중의 어른들이 오시면 그때 계약하기로 하는 등 대강의 일정을 잡았다.

이제 세사 날이 되어 종산과 종답을 관리하시는 분의 집에서 오후 2시쯤 소장님과 함께 가서 보니 종중 회장님과 연세 드신 어르신 아홉 분이 계셨다. 인사를 드리고 매매 계약서를 쓰려고 하는데 한 분이 꼬치꼬치 묻는다. "왜 가격은 그렇게 되었냐? 너무 싸게 파는 게 아닌가?" 하시는데, 약간 약주를 하신 것 같았다.

그래도 어르신 하시는 말씀이라 가만히 듣고 있는데, 이분이 양도세를 거론하며 "세금이 얼마나 되는지 짚어봤나 우리는 세금 내고 못 판다. 사는 사람이 내던지…." 그때 가만히 듣고 계시던 한 분이 양도세는 당연히 파는 쪽에서 내는 것이지 땅 사는 사람한테 그렇게 요구하는 것은 도리가 아니라고 하시며 "젊은 사장님, 계약서 쓰세요." 하신다. 다른 분들도 "갈 길이 바쁘니 계약을 마무리하고 얼른 우리도 갑시다."라고 하셨다.

이렇게 해서 종중의 땅과 그 옆에 아주머니의 땅을 매입해서 조성이 잘 되었다.

03
귀한 인연은 땅에서 생긴다_
봉안리 고향 전원 마을

■ 약간 서늘한 기운이 느껴지는 가을 오후, 태산리 고향 전원 마을에 한옥을 짓고 있었다. 그곳에 갔더니 수년 전부터 알고 지내는 부동산 사장님이 놀러와 있었는데 오래간만이라고 서로 인사를 하고 한옥 구조, 한옥 짓는 데 소요되는 비용 등을 물어보았다. 그 과정에서 "어디 보니까 대교리 어디에 매물을 광고하는 거 같던데 그거 괜찮아요?" 하니까 "대교리 말고 봉안리에 있는 게 좋아요." 한다. "그래요? 그럼 한번 가봅시다." 그렇게 해서 그분이 앞서고 뒤를 따라 현장에 가보니, 남향인데도 늦은 오후까지 햇빛이 잘 들고, 도시와 가깝고, 포근한 느낌의 아주 만족스러운 물건이었다. "얼마 달래요?" 하니 매가를 얘기하는데 "가격이 좀 비싼 것 같지 않아요?" 하니까 이분이 말하기를, 땅 주인이 사정이 있어서 싸게 내놓은 거라고 한다. 사실 우리쯤 되면 워낙에 많은 물건을 접하니까 시세는 자연히 알게 된다.

현장에서 오는 길에 설계 사무실에 전화해서 인허가 상황을 짚어보라 하고 함께 일하는 소장님에게 "오늘 좋은 물건을 하나 봤는데 이거 우리가 삽시다." 이튿날 인허가에는 문제가 없다는 답을 듣고 그분한테 전화해서 시간 잡으라고 얘기했다. 이분 하시는 말씀이 "사장님은 땅 하나는 참 잘 사유~." 이 책의 처음에 소개한 145평의 땅도 이분을 통해서 샀고, 옥천에서 부동산을 할 때도 이분을 통해서 땅을 많이 샀다.

04
공유지분의 토지는
잘 살펴보자

🚩 앞 토지의 그림에서 보면 2차선에서 오른쪽으로 난 길을 따라오면 반듯한 길 양옆으로 빨간 지붕의 집들이 보인다. 우리 부지는 그 집들을 지나 조성해놓은 토지이다. 먼저 개발하신 분의 소유였는데, 이 땅을 매입하며 진입로의 길에 대한 지분으로 200평을 매입하여 나머지는 사용 승낙을 받아서 허가를 득(得)하게 되었다. 허가를 받고, 시에 상수도를 우리 부지에 인입하려고 하는데 진입로가 공동지분으로 되어있으니 지분권자들에게 사용 승낙을 받아오라고 한다. 그동안에 앞에 땅들은 모두 팔려 공동지분권자가 13명이 되었다. 이분들을 찾아 사용 승낙을 받아야 하는데 서울에 사시는 두 분이 부부인데 해주질 않는다. 자기들 땅에는 이미 상수도가 들어와 있다. 그 수도관에

연결하는 것이 아니라 2차선 원 수도관에서 연결하기 때문에 이분들에게는 어떤 피해도 없다. 자기 집 준공할 때도 우리 땅 지분이 200평이 있기 때문에 동의를 해주었는데, 그분들은 자기가 집을 매입하기 전의 일이니 모른다는 것이다. 문자를 남겨도 연락이 없고, 전화를 해도 안 받고….

할 수 없이 포기하고 지하수를 개발해서 쓰자 생각하고 마음을 접었는데 한날 전화가 와서 사용 승낙을 해줄 테니 서류를 챙겨서 강남 어디로 오면 지하철 7번 출구 쪽에 무슨 커피숍이 있으니까 그리고 오라고 한다.

만나서 "무슨 일로 마음이 바뀌었습니까?" 하니 도시가스 넣을 때 우리 보고 동의를 해달라는 것이다. 아마 누군가에게 이야기하니 도시가스 넣을 때도 모든 사람이 동의를 해야 하는데 안 해주면 어쩌냐고 한 것 같다.

이와 같이 지방자치단체마다 다르긴 하지만 도로 부분이 공동소유이면 소유한 모든 사람에게 사용 승낙을 받아오라고 하는 곳이 많다. 따라서 토지를 매입할 때 도로 등 공동소유로 되어있는 토지는 잘 살펴봐야 한다.

05
토지투자,
숲과 나무를 봐야 한다

◼ 세종시에 많은 분이 이주를 해오고 정주 여건도 좋아지며 발전하는 모습이 확연해지던 2014년 어느 날, 여자분 한 분이 사무실을 방문했다. 60대 정도로 보이는데 고생을 전혀 모르고 사신 분 같이 인상이 좋다. 자기 동생이 베트남에서 사업을 하는데, 이곳에 있는 땅을 정리하려고 한다면서 토지의 명의는 자기 남편 앞으로 되어있다고 한다.

"얼마를 받으려고 하세요?" 하니까 평당 65만 원을 받아달라고 해서 "잘 알았습니다. 되도록 해서 전화 드리지요." 그렇게 그분은 가시고 토지이용 계획확인원을 열람해보고 현장을 답사해보니 투자성이 좋아 보인다.

270번지 전(田)으로 되어있는 땅은 208평인데, 계획관리지역이라 토지의 이용 범위가 넓고, 138번지는 312평의 농림지역이다. 이 두 땅 사이에 지적상 폭 13m 정도 되는 도로와 구거가 있다. 현재 물이 흐르는 작은 구거가 있고, 나머지는 밭으로 사용하고 270번지의 땅보다 138번지의 토지는 2m 이상 꺼져있으니 흙을 채워서 반듯하게 만들면 되겠고, 도로는 지적상에 있으니까 2차선 도로에서 그리 멀지 않아 측량하여 찾으면 비용도 그렇게 많이 소요될 것 같지 않다. 그때 마침 우리는 다른 땅을 매입하여 잔금을 치러야 하므로 경제적인 여유가 없어 어떤 분에게 추천해 드릴까 생각하는 중에 대전에서 땅을 사기 위해 세종시에 오시는 선생님이 떠올랐다. 정말 열심히 좋은 땅을 찾기 위해 노력하시는 분이다.

그분을 오시라고 해서 안내를 했는데 앞의 땅은 농림지역이고, 지적상에는 도로가 있지만 현재는 길도 없고 하니 별로 마음에 안 드는 모양이다. "이 땅은 도시와 가깝고 산자락에 있는 270번지 밭은 계획관리지역이니까 상가를 짓고, 138번지 밭은 주차장으로 넓게 활용을 하면 농림지역이지만 아주 요긴하게 쓰일 수 있습니다. 예를 들어, 한우고기 전문점 등을 하면 한 식구는 거뜬하게 먹고살겠습니다." 하며 설명을 해도 마음에 들지 않는 모양이다.

어쩔 수 없는 일이다. 당시에 생각으로는 우리가 장만한 토지의 잔금을 할 때까지 팔리지 않으면 우리가 매입하면 되므로 잠깐

접어두기로 했다.

며칠이 지난 후에 60대 중반으로 보이는 손님이 한 분 오셨는데 명함에는 OOO 위원장, 이렇게 되어있다. 투자할 예상 금액이 4~5억 정도 있는데 좋은 물건이 있으면 추천을 해 달라 하기에 세종시 지도를 보고 위의 토지를 설명했다. 다른 부동산에서 얘기를 들었다고 해 "그러면 사시지요." 하니까 그냥 얘기만 들었지 가보지는 않았다고 한다. 아마 그 부동산 사장님도 매물이 시원찮다고 여긴 모양이다. 그래서 "현장을 한번 답사해봅시다." 하고 현장에서 설명하니까 좀 깎아 달라 한다. "이런 거 깎아달라고 하면 안 됩니다. 그냥 달라는 대로 주고 사세요." 그렇게 해서 계약을 했는데 그때 안 깎기 잘했다. 계약할 때 그분 매형이 무척 아쉬워했는데 깎자고 흥정을 요청했으면 매형이 안 팔았을 것 같다.

그렇게 1년쯤 지난 후에 위의 봉안리 고향 전원 마을의 토지를 우리가 매입하고 공사를 할 때 거기서 나오는 흙으로 이분의 밭에 성토를 해드렸는데 어찌나 좋아하시는지…. 흙을 채워서 반듯하게 해놓으니 땅 500여 평과 도로와 구거 등을 합하니 훤하다.

지난겨울에 전화가 왔다. 부동산에서 평당 500만 원 준다고 하는 사람이 있는데 팔아야 할지를 묻는다. 이분 연세를 생각해볼 때 매매를 해서 자녀들에게 좀 나누어주고, 여유롭게 생활하는 것도 좋겠다는 생각이 들어 "그 정도 가격이면 매매하셔도 좋을 것 같습니다."라고 얘기했다. 그리고 위의 대전 선생님은 세종시에서 조금 벗어난 청주시 흥덕구에 2차선 도로를 접한 계획관리지역의 과수원을 1천여 평 60만 원씩에 매입했다.

이 선생님은 그 이후에도 우리 사무실에 가끔 오신다. 며칠 전에도 사모님과 다녀갔는데, 그 땅을 소개해준 부동산에서 손님이 있다고 팔라고 하는데 그 땅을 팔아야 할지를 물어, "조금 있다가 매매를 하시는 게 좋을 것 같습니다. 이 땅에서 지척에 세종시의 5생활권 개발이 시작되고, 오송 제3생명 과학단지가(204만 평 기재부 예비타당성 통과) 조성되면 땅이 매우 귀해질 텐데 그때 한번 생각해 보시지요." 하니 무척 흐뭇해하신다. 토지 투자는 숲을 보고 나무를 봐야 한다. 필자는 2011년 충북 옥천에서 이곳 세종시로 옮겨와서 일을 했는데, 당시에는 그곳이나 이곳이나 땅값이 거의 비슷했다. 지금은 차이가 크게 난다. 이와 같이 토지 투자는 어느 지역에 하는가가 매우 중요하다.

Q OOO 위원장께서
매입한 토지의 지적도

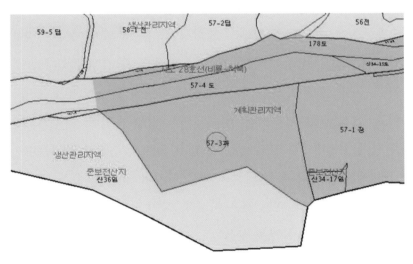

Q 대전 선생님이 사신 토지

06
세상은 풍요롭다

▌▶ 어릴 때 생각이 난다.

가을철에 어른들은 들에서 일하시고, 논 옆 도랑에서 가재를 잡는데, 그때 깨달은 사실은 작은 돌 속에도 큰 가재가 있다는 것이다. 물이 졸졸 흐르는 도랑에 돌을 하나씩 들추면 미꾸라지도 있고, 가재도 있다. 하지만 별로 크지도 않은 돌인데, 들추어보면 큰 가재가 펄렁펄렁 가고 있는 걸 얼른 잡아서 주전자에 넣는다.

뭔 얘긴고 하니 부동산 투자에서 물건이 크고 액수가 많다고 해서 꼭 큰 수익을 내는 것은 아니다. 작아도 알찬 물건이 있는데 어떻게 해야 그런 물건을 찾을 수 있을까?

먼저, 집중해야 한다.

가지고 있는 재정과 매월 수입에서 부담할 수 있는 이자를 고려해서 매물의 액수를 정하고 투자하고자 하는 지역을 정하고 부단히 노력해야 한다. 물건이 욕심난다고 과도하게 무리하면 안 된다. 특히, 토지 투자에 초보자라면 더욱 그렇다. 그리고 전문가의 도움을 받아야 한다.

인터넷 사이트 타이젬에서 바둑을 4단 둔다. 잘해서 5단으로 올라갈 때도 있고, 못 해서 3단으로 내려올 때도 있다. 5단으로 올라갔을 때는 기를 써도 금세 4단으로 내려오고, 또 3단으로 내려갔을 때는 별로 신경을 안 써도 많이 이겨서 금방 또 4단으로 올라가기도 한다.

결국, 수읽기는 자기의 한계를 못 벗어나는 것이다.

예를 들어, 사활 문제가 있다고 할 때 나 같은 수준의 실력을 갖춘 사람 10명이 밤을 새워도 못 푸는데, 이창호, 이세돌 같은 프로 기사가 보면 이 문제를 푸는 데 단 10초도 안 걸릴 것이다. 이렇게 저렇게 척, 척 놓으면 문제가 해결된다.

이와 같이 모든 분야에는 그 분야에 맞는 전문가가 있다.

전문가에게 도움을 받으면 훨씬 수월하다. 그리고 마음의 여유를 가지고 호흡을 길게 해야 한다. 최단기간에 많은 수익을 내려고 하면 시작하기가 어렵다. 세상일이 욕심대로 되는 게 아니라 순리대로 방향을 정하고 꾸준히 가면 원하는 결과에 도달하는 것이다.

며칠 전에 TV를 보는데 무인도에서 한 분이 생활한다.

어망을 놓는데 안에 미끼를 넣지 않고 낚시를 하는데 낚시에는 미끼를 단다.

낚시로 우럭 2마리를 잡고, 오면서 어망을 건져 올리니까 문어 한 마리가 들어있다.

일을 끝마친다. 그것으로 하루의 양식으로 충분하니 행복해 보였다.

이 책을 읽는 독자들께서도 이 세상이 그 바다처럼 풍요롭다는 사실을 알았으면 좋겠다.

현재 가지고 있는 열정과 어느 정도의 재정이 있다면 풍요로운 미래를 선택할 수 있다.

시간이라는 무형의 자원과 하고자 하는 열정이 더해지면 현재 재정이 조금 부족하다고 해도 풍요로운 미래를 맞이할 수 있다.

07
부동산 예찬론자

　　🚩 옥천에서 일할 때 세를 얻어 사무실을 사용했는데, 건물주인 배 사장님은 우리가 땅을 사면 어떻게 아셨는지 언제나 이렇게 말씀하신다.

"저 어디에 있는 그 땅 사장님이 사셨다면서요?"

"예."

"참 잘 사셨습니다. 축하드립니다. 그래, 얼마 줬습니까?"

"예, 조금 줬습니다."

그러면 참 잘 샀다고 항상 칭찬을 하신다.

이분은 원래 농촌지도소에서 근무하시다가 일찍이 명예퇴직하고 부동산 일을 했는데, 11남매 중 맏이로 동생들 건사하고 생활하려고 하니 농촌지도소에서 받는 월급으로는 항상 부족했다고 한다.

언젠가 사모님하고 우리 사무실에서 차를 한잔한 적이 있는데, 사모님께서는 시집와서 옷을 한 번도 사서 입어본 적이 없다고 한다.

막내 시동생하고 자기 큰아들하고 같은 해에 태어났다고 한다. 그러니 시동생들 보살피고 자기 아이들 키우다 보니까 생활이 어려워 옷 한 벌을 사서 입어볼 여유가 없었던 것이다. 지금 생활하시는 걸 보면 잘 믿어지지 않는 얘기이다.

여하튼 배 사장님이 농촌지도소를 퇴직하고 퇴직금으로 빚을 갚고, 정산을 해보니 28만 원이 남았다고 한다.

마침 공인중개사 자격증을 따놓은 게 있어서 부동산 일을 시작했는데, 하다 보니까 조금 싸게 나오는 땅도 있고 해서 형편이 되면 자기가 하나씩 사고, 필요로 하는 분이 있으면 팔고, 그렇게 하다 보니 많은 토지를 장만하게 되었다.

우리가 옥천에서 세종시로 이전할 때쯤에는, 호주에서 교사로 재직 중인 큰아들에게 땅을 조금 팔아서 집을 한 채 사줬다고 흐뭇해하신다.

만약 농촌지도소에서 계속 있었다면 아들 집도 사주고 이렇게 편안하게 생활할 수 있었겠느냐며, 그만두길 잘했다고 하며 부동산 예찬론자가 되었다.

내가 보기에 이분은 부동산 아니라 다른 사업을 해도 잘하실 분이다. 말씀하시는 게 언제나 합리적이고 실속이 있다. 지금도 가끔 우리가 땅을 사면 어떻게 알았는지 전화가 온다.

"거기 그 땅 사장님이 사셨다면서요? 축하합니다. 누가 뭐라 해도 땅이 최고지요!"

08
토지 투자의 **포인트**

▌▶ 10여 년 전 행복 도시에서 보상을 받은 분들을 손님으로 일할 때, 이분들의 요청으로 동쪽으로는 상주, 서쪽으로는 당진까지 많은 물건을 보며 안내를 했는데 그때 많은 분이 논산, 서산 등에 가서 농지를 샀다. 당시에 농지가 평당 4~5만 원 할 때니까 손쉬웠던 것이다.

수용지 밖 장군, 금남, 연서면 등에 대토를 하시는 분은 없고, 먼 곳에 가서 땅을 샀다. 이유는 근처에 땅값이 도시가 될 거라는 기대로 많이 올랐기 때문이다. 옛날에 몇만 원 하는 땅이 갑자기 몇 십만 원 하니 옛날 생각이 나서 살 수가 없었던 것이다. 그래도 몇 분들은 당신이 살던 고향 근처에 터전을 마련하고 살기를 희망해서 조금 비싸더라도 토지를 장만하고 생활하신 분들이 있다. 이제 10여 년의 시간이 지나고 보니 먼 곳에서 농지를 사신 분들과 이곳 근처에 토지를 장만하신 분들은 그야말로 하늘과 땅만큼 차이가 난다.

이제 이곳 연서면 와촌리 일원과 오승읍 동평리, 서평리 일원에 국가산업단지와 오송 제3생명 과학단지 조성을 위해 대단위 토지 보상이 시작될 텐데, 이곳에서는 옛날 학습효과가 있어 도시를 벗어나서 대토하려고 하지 않을 것 같다.

▪09
현재를 통해 미래를 보다_
봉안리 계획 관리지역

　　▐▶ 2016년도 겨울의 끝자락 아지랑이가 피어

오르는 초봄에 부동산 사장님 한 분이 사무실을 방문해서 위 토

지를 소개하기에 현장을 답사했다.

　　큰 소나무가 군락을 이루고 있고 잘 가꾸어진 묘가 다섯 기, 완

만한 임야와 지목상 전(田)으로 되어있는 밭에는 밤나무가 촘촘히 있었다.

토지 이용계획 확인원을 보니 계획관리지역이며 도시와 접근성을 고려할 때 딱 내 마음에 들었다. 설계 사무소에 전화해서 인허가 사항을 검토해보라고 하고 다시 현장으로 가보니 잘 가꾸어서 상업지역을 만들면 좋겠다는 생각이 든다.

경우에 따라서는 워낙에 경치가 좋아 아래층은 세를 주고, 맨 윗층은 가정집으로 사용해도 좋을 것 같았다. 다음 날에 설계 사무소에 소장이 전화가 와서 인허가에는 별문제가 없다고 한다.

부동산 사장님에게 전화하여 땅값을 깎아달라는 말은 전혀 안 하고 날짜와 시간을 잡으라고 했다. 하루 이틀이 지났는데도 전화가 안 와 어떻게 되었냐고 하니 땅 주인이 일곱 명인데, 그중에 몇 분이 그 값에는 못 팔겠다고 가격을 더 달라고 해서 미안해서 전화를 못 했다고 한다.

토지의 가치를 생각해볼 때 일리가 있다고 생각이 되어 얼마나 더 달라고 하는지 물으니 얼마를 얘기한다. "알았습니다. 그렇게 하지요. 시간을 잡으세요."라고 하고 있는데 부동산 하시는 한 분과 얘기하는 중에 이 땅 얘기를 했더니 "옆으로 고속도로가 지나가는데 몰랐어요?"라고 하는 게 아닌가. 알아보니 이 땅 30m 옆으로 서울−세종 간 고속도로 노선이 잡혀있었다.

'아, 이걸 어떻게 한담…. 현장에서 앞을 보니 땅은 기가 막히게 좋은데 고속도로가 옆으로 지나가면 이 땅의 가치가 많이 줄어들 텐데 얼마나 손실이 발생할까? 땅 3천 평 중에서 좌측 2천 평은 그런대로 쓸 수 있겠고, 고속도로가 지나가는 옆쪽 천 평은 타격이 클 것 같은데, 도시가 커지면 (서울 같은 데 보면 큰 도로변에도 용지로 사용하고 있지 않은가.) 여기도 어떤 용도로든지 쓰인다. 그리고 또 노선이 변경될 수도 있다.

여기는 도시하고 가까워 건물이 들어서는 등 개발이 다 되어있는데 이 건물들을 철거하고 꼭 이곳으로 도로를 내야 할까? 도시의 확장성도 상당히 저해되고 저 옆으로 조금만 빗겨 가면 될 것을 ….' 생각이 여기까지 미치자 '됐다. 이거 사자.' 이렇게 마음을 굳혔다. 또 이틀이 지나도 소식이 없어 국무 총리실 뒤에 있는 설렁탕집으로 점심을 먹으러 가는 차 안에서 전화하니까 가격을 더 올려 달라고 해서 미안해서 자기 앞에도 부동산이 있다고 한다. 정말 있는 힘을 다해서 마음을 정했는데…. 전화를 끊고 조금 가니까 신호등에 걸려서 다시 전화를 하니 신호는 가는데 전화를 안 받는다.

식당에 앉아있으니까 전화가 와서 "사무실에 차 한잔하러 오세요."

"부동산 하시는 이분이 왔는데 현 위치에 있는 묘지는 매도인이 전부 이장을 하고 토지 사용 승낙서를 해주든지 아니면 땅 주인 중 한 분을 대표로 인허가를 받아서 소요되는 비용은 매수인이 부담하는 것으로 하고 잔금은 금융의 대출을 받아야 하니까 (토목공사를 해놓으면 대출금이 더 나온다.) 공사가 끝나는 시점에 하도록 해서 시간을 잡으세요."

"잘 알았습니다. 그렇게 해보지요."

이제 계약을 하기 위해 앉았는데 그 땅을 책임지는 총무님과 사촌 형님, 이렇게 두 분이 오시고 우리는 앞에 부동산 두 분, 나와 함께 일하는 소장님 이렇게 여섯 명이 앉았는데, 총무 이분이 가방에서 도장을 꺼내어 손에 꼭 쥐고 올라가서 한 번 더 상의하고 찍겠다고 한다. 정말 난감했다. 하지만 속으로 '조금만 참자.' 이렇게 생각하고, "물건을 내놨으면 이미 손을 떠난 겁니다. 총무님은 여유가 있어서 그렇게 말씀하시지만 다른 분들은 애타게 기다릴지도 모르는 일입니다. 그러니 도장 주십시오." 하니까 같이 온 사촌 형님이 "그렇게 해."라고 했다.

이제 인허가를 진행하는데 문화체육관광부서에서 매장문화재 시굴 조사를 하라고 한다. 예상했던 일이다. 매장문화재 조사에는 지표 조사, 입회 조사, 표본 조사, 시굴 조사 이렇게 종류별로 나누는데, 시굴조사가 비용이 제일 많이 든다.

조사를 시작한 날 조사 기관의 실장님한테 전화가 와서 긴장된 목소리로 "사장님, 고분군이 발견되는 것 같습니다. 현장 한번 다녀가십시오." 한다. "그거 나오면 좋은 거예요?" 하니까 하하 웃으며 "왜 이러세요." 한다. "간다고 해서 상황이 달라지는 것도 아니고, 얼른 조사 마무리하고 절차대로 진행하세요." 말은 그리했지만 마음이 영 불편하다.

결과는 문화재청으로부터 허가를 받아 정밀 조사를 해야 한다고 한다. 그렇게 하고 견적서는 최대한 신경을 써달라고 요청했다.

다음 날 견적서를 가져 왔는데 금액이 상당하다.

"뭐가 이렇게 많아요?"

"죄송합니다. 저희로서는 품셈의 70%를 적용해서 최고로 낮게 해서 가져온 것입니다."

"그래요? 수고했어요. 시간은 얼마나 걸리겠습니까?"

"삼 개월은 잡으셔야 합니다."

"되도록 빨리해주세요."

진행이 되고, 이런 저런 얘기가 많이 들려왔다. 경우에 따라서는 존치를 할 수 있다고 한다. 이제는 비용이 문제가 아니다. 맘고생 참 많이 했다. 마지막 날 공주대 교수님, 박물관장님 등 위원들이 오셔서 검토하고 개발해도 좋다는 의견의 보고서를 작성하기로 하고 "국밥 한 그릇 사야죠." 한다. "예, 그러지요." 하니까 "그건 농담이고, 개발 잘해서 좋은 일 있기를 바랍니다." 하고 가셨다.

2018년 7월에 서울-세종 고속도로 노선이 원래 계획한 위치에서 서쪽으로 4km 옮겨서 확정되었다.

세종-정안 간 자동차 전용도로 중흥 나들목과 용암 나들목 사이 장군면 태산리에 고속도로 나들목이 생기는데, 우리가 장만한 땅들 모두 나들목 근처에 위치해 최고의 수혜 지역이 되었다.

10
두 분 선생님 이야기

    ■ 2011년 금남면에서 일할 때 50대 초반으로 보이는 손님 두 분이 오셨다. 남자분이셨는데 말씀하시는 내용으로 보아 학교 선생님 같았다.

    사진에서(178페이지) 오른쪽 지붕의 건물이 추어탕집인데, 저곳이 2011년도에 오셨던 선생님의 소유였는데 팔아달라고 사무실에 오신 것이다. 면적은 1,700여 평으로 기억이 되며 평당 65만 원을 받아달라고 했다. 합계 금액이 11억 정도 되고, 계획관리지역의 '답(畓)'이었다. 도로의 폭은 승용차 한 대 다니는 정도이며, 땅은 길보다 3m 이상 꺼져있었다.

    고(故) 노무현 대통령께서 후보 시절에 행정 수도를 공약했는데, 그때 평당 15만 원씩 주고 장만해둔 것이다. 이제 행정 수도가 원안대로 건설되도록 국회를 통과하고 많은 사람이 땅을 찾으니까 내놨는데, 개발하는 신도시와 근접한 계획관리지역의 토지이므로 다양한 용도로 사용이 가능해 투자성이 좋아 보였다.

좁은 길은 사람이 많이 살게 되면 자연히 넓혀지게 되어있고, 흙을 채워서 가치가 높아진다면 오히려 꺼져있는 땅이 투자가치가 좋을 수도 있다. 그때 충북 옥천에서 일하다가 이곳으로 옮겨온 지가 얼마 되지 않을 때라 사고 싶어도 재정이 되지 않아 엄두가 안 나고, 좋은 분이 있으면 소개를 해주고 싶은데 그만한 재정의 손님도 없어 그야말로 강 건너 불구경이었다. 그런데 이제는 그것보다 훨씬 큰 재정으로 더 넓은 땅을 장만했으니 감회가 새롭다.

여하튼 얼마 지나지 않아 이 땅은 매매되었고, 바로 그 시점에 이 토지 앞의 임야를 누군가가 개발을 시작해 그곳에서 나오는 흙으로 근처의 깊은 땅들은 모두가 길 높이만큼 채워져서 좋은 땅들이 되었다. 길옆의 구거는 모두 복개하여 자동차 두 대는 교차할 수 있을 만큼 넓어졌다.

한 분 선생님은 그렇게 땅을 매매했다. 함께 오신 선생님은 땅이 사고 싶어서 오셨는데, 예산이 4억 정도 된다고 한다. 마침 그때 이 땅 바로 위에 1,400평 정도 되는 임야가 매물로 나왔는데, 계획관리지역이며 평당 27만 원을 달라고 했다. 그러면 합계 금액이 3억7천8백만 원이다. "도로를 잘 접하고 있으며, 경사도도 완만하고 토질도 좋아 토목 비용도 얼마 들지 않겠습니다." 하며 이분에게 안내하니 다 좋은데 향이 서향이라고 싫다고 한다. 그래서 "이곳은 신도시와 가까운 계획관리지역의 토지이니까 나중에 도시가 커지면 상가 등을 지어서 활용하면 토지의 향은 그렇게 중요하지 않습니다." 이렇게 얘기를 해도 어쩔 수 없다. 이곳 외에도 두 군데 물건을 추천했는데, 결국은 사지를 못했다.

나중에 들은 얘기인데 사모님이 땅을 사는 것보다는 아파트를 사자고 해서 첫 마을에 강이 보이는 경치 좋은 곳에 4억5천만 원을 들여 아파트를 샀다고 들었다.

위에 저 땅은 현재 시세가 40억을 호가한다.

이제 이 땅 앞으로 도로 확장이 계획되어있는데 도로공사가 끝나면 이 땅의 가치는 평당 5백만 원은 자연스러울 것 같다. 그러면 합계 금액이 70억이다. 창조물인 토지는 공급의 한계로 인해 값이 계속 오르는 것에 비해 구조물인 아파트는 공급조절이 가능하며 정부정책에 영향을 받아 가격 상승이 한계가 있음을 잘 이해하지 못한 것 같다.

▐ 포드 자동차 회사를 설립하신 헨리 포드 회장님의 일화 중에 떠오르는 얘기가 있다.

어느 날 초대장을 한 장 받았는데 "포드 회장님께서 기부를 해주셔서 이렇게 멋진 유치원을 지었습니다. 개원식 때 오셔서 축하해주십시오." 하는 내용이다. 아무리 생각해도 그 유치원에 기부한 기억이 없는데 궁금하기도 하여 바쁜 중에 개원식에 참석해서 보니 40대로 보이는 여성분이 원장님인데 "저는 이 유치원에 기부한 기억이 없습니다. 잘못 알고 초대장을 보내신 게 아닙니까?" 하니까 "아닙니다. 회장님께서 기부해주신 게 맞습니다." 하며 얘기를 한다.

"10여 년 전에 유치원을 지어야겠다는 생각에 회장님께 기부를 요청했습니다. 그때 회장님께서 저에게 10달러를 주셨습니다. 저는 그 돈으로 땅콩을 사서 심었습니다. 해마다 아이들과 땅콩을 늘려가며 심은 결과, 오늘날 이렇게 멋진 유치원이 되었습니다. 그러니 이 유치원은 회장님께서 기부해주신 것이 맞습니다." 이렇게 얘기를 한다.

워낙에 많은 곳에서 기부를 요청하므로 회장님께서는 무심코 10달러를 주셨던 것 같다. 이 원장님은 그 돈으로 이렇게 목표한 대로 유치원을 지었다. 10년의 세월이 소요되었다. 이 일화가 사실이라고 믿는다. 어떤 사람이 목표를 가지고 일을 진행하면 2~3년은 목표를 가지고 있지 않은 사람과 별 차이가 없지만, 5년 정도 지나면 차이가 나기 시작해 10년이 지나면 그 차이는 확연해진다.

토지를
소유한다는 것은
삶의 근본을
소유하는 것과 같다.

PART 6

투자자의
마음자세

01
기회는
잡아야 한다

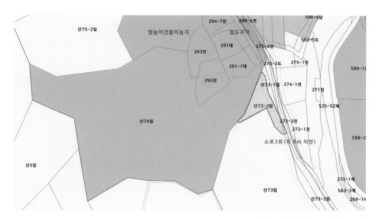

🔍 의당면 토지의 모양

🔍 1차 허가 후 현장 모습

▩ 7년 전 세종시 경계에 근접한 공주시 의당면에 1만여 평 되는 임야 하나를 소개받았다.

　2차선 도로를 접한 계획관리지역의 임야인데 경사도도 완만하고 일조량도 풍부하며, 경관도 수려하여 마음에 드는 물건이다.

　조금 넓게 공주시 입장에서 보면 세종시에 근접한 천태산 자락의 넓은 터를 그냥 둘 것 같지 않고, 세종시의 후광효과를 활용하여, 부가가치가 높은 최첨단 산업단지 등으로 활용할 것 같은 생각이 든다. 용도지역이 계획관리지역인 이 토지도 활용가치가 높고 투자성도 좋아 보여 매입하기로 마음먹고 일을 진행하는데, 저쪽 매도하는 분께서 내놓은 가격보다 얼마간의 값을 더 달라 한다고 해서 일을 하시는 분에게(송학리 사무실 밖에서 담배를 피우던 그분. 90p) 그렇게 협의하시라고 했는데 이제는 안 판다고 한다.

　매도하시는 분이 안 판다고 하면 방법이 없다.

　그런 일이 있고 몇 년 후에 그 땅이 다시 매물로 나왔다. 전에 그 부동산 하시는 분에게 "이번에는 잘해 보세요." 하고 일을 맡겼는데, 이번에도 전과 마찬가지로 협의 과정에서 값을 올리고, 또 올린 값을 준다고 하자 다음에 팔겠다고 하며 매도를 거부한다.

　그리고 지난 3월, 다시 매물로 나왔다고 하여 전에 일을 진행하던 사장님에게 "땅 주인 연락처를 주세요. 직접 해야겠어요." 하니 연락처를 카톡으로 보내주었다.

　지주분에게 전화해서 "매도하실 의향이 있습니까?" 물었다. 가격만 맞으면 매매를 하겠다고 하여 희망 매가를 물어보니, 지난번보다 상당히 올린 금액이다. "예, 잘 알았습니다. 내일 이맘때쯤 연락드리겠습니다." 하고 설계사무소 소장님에게 전화를 하여 인허가 상황을 짚어보라고 하니 옆 땅 산73번지를 사 넣어서 가변차로를 만들어야 한다고 한다. 그렇지 않으면 공장이나 창고 등은 허가 자체가 불가능하고, 소규모 농사용 창고나 일반주택은 5채까지만 허가가 가능하다고 한다.

옆 땅 주인을 알지도 못하고 땅을 팔지, 안 팔지도 모르는 참 난감한 상황이다. 옛날에 매물로 나왔을 때는 왜 짚어보지 않았을까? 아마 그때는 본 땅이 2차선에 접해 있으니 당연히 허가가 날 거로 생각한 것 같다. 여하튼 옆 땅 주인을 찾아서 매도 의사가 있는지 값은 얼마나 달라고 하는지 알아봐야겠는데….

혹 안 판다고 하면 본 땅을 포기할 수밖에 없는 상황이다. 땅값만 해도 수십억 원인데…, 이 일을 어쩐다? 한참을 고민하다 마음을 정하고 다음 날 땅 주인에게 전화하여 달라는 대로 값을 정하고 지불방법 등을 협의했다.

계약서 쓰기로 한날 땅 주인과 부인, 아들, 이렇게 세분이 오셨는데 앉은자리에서 땅 주인 하시는 말씀이, 땅을 팔기가 아까우니 돈을 더 달라고 한다.

"얼마를 더 드릴까요?"

얼마를 더 달라고 하는데, 액수가 제법 된다. 옆 땅 산73번지를 매입하여 가변차로를 만들지 못하면 맹지나 다름없는 땅이다. 가변차로를 만들 수 있는 방법도 옆 땅 산73번지 외에는 다른 대안이 없다.

땅 주인은 자기 요청대로 하지 않으면 곧 일어설 것 같은 분위기를 연출한다. 그때 스치는 생각이 여기서 한 걸음 물러서면 이 땅 하고 인연은 여기까지다. 달라는 대로 지불을 하고 이 땅을 매입하자!

그렇게 이 땅을 장만하고 옆 땅 주인을 찾아서 땅 전체를 매도할 의사가 있는지, 그림에서처럼 500여 평만 분할해서 팔지를 협의하라고 하니 500여 평을 본 땅값의 2배를 달라고 한다.

감사하게도 어렵지 않게 옆 땅을 매입하여 이렇게 1차 허가가 나서 공사를 했다.

사람이 가지고 있는 능력이란 무엇일까? 때를 기다리고 기회가 왔을 때 어려움이 있더라도 극복하고 실천하는 힘이 아닐까 생각해 본다.

02
작은 수고로움이 주는
큰 혜택

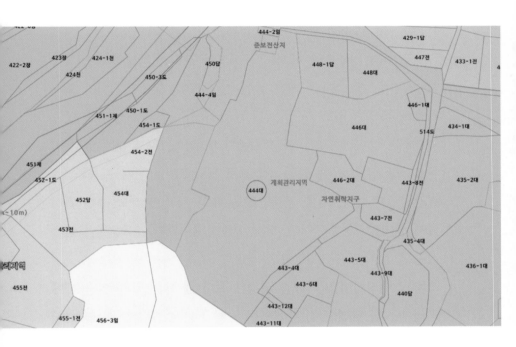

🔍 강내면 토지의 모양

■ 최근에 있었던 일 중 하나를 더 소개한다. 연동면에 있는 부동산에서 강내면에 있는 땅 2,000여 평을 얘기하기에 한번 볼 만하다는 생각이 들어 현장답사를 했다.

세종시에 근접하고 오송 제3생명과학단지가 예정된 인근이라 투자가치가 있다고 생각되어 "얼마 달라고 해요?" 물으니 평당 120만 원을 달라고 한다.

여러 가지 정황으로 볼 때 이 정도의 값이면 적당하다 생각하고 "시간을 잡으세요." 하고 왔는데, 이틀이 지나고 전화가 와서 미안하다고 한다.

이유는 상속받은 땅이라 토지주가 8명인데, 필지 내에 있는 건물을 모두 철거를 해 주는 조건으로 평당 170만 원에 매매하기로 결정했다고 한다. 처음 안내받았을 때와 지금 달라고 하는 가격 차이는 평당 50만 원이다. 땅이 2천여 평이니까, 10억 원이 넘는 액수다.

음…! 어떻게 한담? 한참 생각해 보니 애초에 안내받았을 때에 금액과 지금 달라고 하는 금액이 차이가 나서 그렇지, 이 땅이 터무니없이 비싼 값은 아니다. 냉정하게 생각해 보면 평당 150만 원은 평가할 수 있다. 그러면 평당 20만 원 정도 더 주는데, 땅이 2천여 평이니까 4억 원이다. 앞으로 1년 정도 지나면 이 값에도 이런 땅을 사기가 어렵다.

농부가 농작물을 가꿀 때 거름을 하고 비료를 주며, 병충해를 예방하고 잡초를 뽑는 등의 수고를 하지만, 태양이 빛을 비추고 때에 따라 비가 오고, 밤에는 이슬이 내려 적당한 온도와 습도를 유지하는 등 자연이 주는 혜택은 무궁무진하다. 도저히 농부가 할 수 있는 일이 아니다. 우리는 이 작은 수고로 엄청난 혜택을 누리는 것처럼, 나도 농부와 같이 약간의 노력으로 이 도시가 발전하며 땅의 가치를 높이는 걸 생각해 본다면 오히려 내가 하는 갈등과 수고는 너무 작다는 생각이 든다. 이렇게 이 땅 2,159평을 장만할 수 있었다.

03
이름도 좋은
장원리의 땅

🚩 전의면에 있는 부동산 사무실을 방문했는데, 60대 중반쯤으로 보이는 한 분이 부동산 사장님과 이런저런 얘기 끝에 공주에 밤산을 하나 보고 오는 길이라고 한다. 나중에 전화하여 "어디에 있는 밤산이라고 하던가요?" 물으니, "무슨 말씀이세요? 아까 나 있을 때 그분, 아는 분이 아닌가요?"

"아~ 이장님. 잘 알지요. 그분이 공주에 밤산 하나를 봤다고 하던데 한 번 알아보세요."

"예, 잘 알았습니다. 알아보고 전화 드릴게요."

다음 날 전화가 와서 5,000평쯤 되는 종중 땅인데 팔려고 내놨다고 하며 지번을 알려준다.

가서 보니 정안천이 자연스레 감아 돌고 넓은 들이 펼쳐진 남향의 나지막한 밤산이 집터로서는 기가 막히게 좋아 보인다.

정부세종청사와도 30분 정도 거리에 위치해 접근성도 딱 좋다. 보통사람들은 집과 직장이 가까우면 좋다고 생각하는데 경험에 비춰보면 자동차로 30분 정도의 거리가 제일 좋다. 출근할 때는 그 날 할 일을 독립된 공간에서 생각할 수 있고, 퇴근할 때는 그 날 일을 생각하며 부족한 부분은 개선점도 찾고…. 출퇴근 거리가 짧으면 그런 혼자만의 시간을 갖지 못하는 아쉬움이 있다.

"얼마 달라고 하던가요?" 얼마라고 하는데, 가격도 적당하고. "계약할 수 있게 시간 잡으세요."

그렇게 해서 종중 땅과 종중회장님이 소유한 전(田)·답(畓)을 함께 매입하고 보니, 옆에 붙어있는 산은 용도지역이 생산관리 지역인데 누구를 시켜 매도 의사가 있는지를 물어보니, 땅 주인이 세 분인데 매도 의사가 없다고 한다. 조금 지나니 어떤 분이 옆에 땅을 매수할 의사가 있냐고 묻는다.

"지난번 매도 의사를 물으니 팔 마음이 없다고 하던데요?" 그때는 그랬는데 이제는 매매하기로 세 분이 합의를 봤다고 한다.

"얼마 달래요?" 부르는 값이 지금 산 땅보다 훨씬 비싼 값이다.

그림에서 보는 바와 같이 이 땅은 길이 없는 맹지다. 우리 땅 (462-2임)을 지나지 않고는 무슨 행위를 하기가 쉽지 않다. 웃으며 "시간 잡으세요." 그렇게 해서 생산관리지역의 좋은 땅 약 5,000평을 매입하게 되었다.

참고로, 용도지역이 생산관리지역은 6차산업이 가능하다.

예를 들어, 논농사를 지으면 1차 산업, 여기서 생산된 쌀을 빚어 떡을 만들면 2차 산업, 이 떡을 판매하면 3차 산업, 이렇게 $1 \times 2 \times 3 = 6$, 6차 산업이 되는 것이다.

응용하면 가족이 함께 와서 떡을 사 먹고 하룻밤 묵고 간다면 숙박업도 가능한, 활용도가 높은 땅이다.

따라서 좋은 환경에서 집을 짓고 작물 가꾸기를 좋아하는 분이 있으면 활용할 수 있도록 들에 농지도 상당한 면적을 매입해 두었다.

뒤돌아보면 지나가는 말 한마디가 넓은 토지를 소유할 수 있는 계기가 된 것이다.

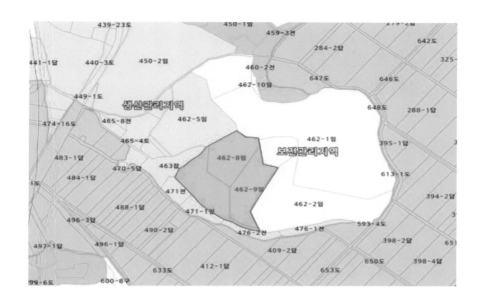

🔍 이름도 좋은 장원리의 땅

04
땅값은 앞으로도
계속 상승한다

▐▀ 보통의 경우 도시 근처의 땅값은 대체로 다음과 같은 패턴으로 성장한다.

20~30만 원 하는 땅은 값이 오르면 만원 단위로 오른다. 200~300만 원 하는 땅은 10만 원 단위로 오르고 천만 원 하는 땅은 100만 원 단위로 오른다.

경제정의실천시민연합(경실련)에서 1964년부터 국유지와 민유지 가격을 산출한 결과, 2015년 기준 국내 땅값은 총 8,449조 원으로, 51년간 5천 배가 오른 것으로 조사되었다. 같은 기간에 쌀 한 가마니가 3,470원에서 150,729원으로 45.2배가 올랐고, 휘발유값이 1965년 리터당 23.65원에서 2015년 1,510.4원으로 62.8배가 오른 것에 비하면 가히 땅값의 상승은 폭발적이라고 할 수 있다.

이와 같이 토지는 일반 상품과 다르게 값이 오르는데, 일반 상품의 가격은 점에서 점으로 이동한다. 반면 토지의 상품은 가격이 상승하는 것을 보면 위에서 보는 것처럼 점에서 면으로 번져가는 것을 알 수 있다. 그러면 땅값은 과연 얼마까지 오를까?

2014년 강남에 있는 한전 본사 부지를 공개입찰 했는데 삼성은 땅값으로 4조 5천억 원을 제시했고, 현대는 10조 5천억 원을 제시해서 현대가 가져갔다. 그때 현대그룹 정몽구 회장님께서 이 일을 준비하는 직원들에게 '한전은 국가 공기업이다. 국가에 세금을 좀 더 낸다고 생각하고 소신껏 가격을 정하라'고 지시했다고 한다. 직원들이 땅값으로 얼마가 적당한지를 조사하고 분석해보니 강남은 연평균 9%씩 땅값이 상승한다는 사실을 알게 되었고, 이와 같이 삼성이 제시한 가격의 두 배가 훨씬 넘는 금액을 적었던 것이다.

이곳 세종시는 2004년도에 토지 보상을 실시했는데, 지작물이나 지상권을 제외하고 순수 토지만은 보상액이 1천7백60만 평에 3조 원이었다. 1천7백60만 평의 땅값이 3조 원인데, 강남에 있는 한전 본사 부지는 2만 4천 평에 10조 5천억 원이다. 2024년 현재 현대그룹이 소유한 위의 토지는 23조 2천억 원의 가치가 된다고 한다.

이 사례에서 보는 바와 같이 토지의 값은 끝이 없이 오른다. 이는 소유권의 엄중함과 공급의 한계로 인한 자연스러운 현상이라고 할 수 있다.

05
세종의 미래

⚑ 토지에 투자를 생각할 때 지금 투자한 금액이 어느 정도 시간이 지나면 얼마의 가치가 될까? 매우 중요한 관심사이다.

이 중요한 질문에 대한 대답은 투자하고자 하는 지역에 어떤 사람들이 살고 있으며, 도시는 어떻게 발전하는가를 살펴보면 미래가치를 어느 정도 예측할 수가 있다.

먼저 세종시를 살펴보면, 세종 대통령 집무실과 세종국회의사당이 여야 합의로 국회를 통과하였다. 이는 역사적인 사건으로 국가 균형발전의 초석이 되며, 명실공히 정치와 행정의 중심이 되는 도시로 위상이 정립되었다고 할 수 있다.

특히, 세종국회의사당은 3조6천억 원이라는 어마어마한 재정을 투입하여 전월산 아래 굽이 흐르는 금강 옆 18만 6천여 평의 넓은 터에 건설하는데, 이는 기념비적인 건축물로 아름다운 금강과 어우러져 시드니 오페라 하우스처럼 관광의 명소가 될 것이다. 직접 이주하는 국회 공무원은 5천 명이 넘으며, 국회 기능과 밀접한 언론, 출판사, 시민사회단체 등 전후방산업으로 파급효과는 중앙부처 이전보다 더 클 것이라 기대된다. 세종 대통령 집무실이 완공될 때쯤이면 세종시가 대한민국의 행정수도로서의 법적 지위를 갖게 되고, 미이전 부처인 국방부, 외교부, 통일부, 법무부, 여가부 등도 세종으로 이전하게 될 것이다.

그야말로 6백 년 한양의 시대가 세종으로 이어지는 역사적인 사건들을 우리 시대에 보게 되는 것이다.

1392년 이성계 장군이 위화도에서 회군하여 조선왕조를 건국하고 개경에서 한양으로 천도를 하는데, 개경의 명문세가들이 한양으로 이주를 꺼리자, 고려 때 과거에 급제한 경력이 있는 태종은 교육의 중요성을 이해하고 한양에 중부학당, 동부학당, 서부학당, 남부학당을 설립하여 성균관의 유능한 관리들을 보내 학생들을 가르치게 하고 그중 유능한 학생은 소과를 치르지 않고도 성균관에 들어갈 자격을 부여했다. 그러자 개경의 명문세가들이 한양으로 몰려 왔다.

그로부터 600년 후 1970년대 강남을 개발하기로 한 정부는 강북에 살던 주민들이 내려오려고 하지 않아 아파트를 지어 공무원들에게 강제 분양했고, 이마저도 여의치 않자 경기고, 휘문고, 경기여고, 숙명여고 등 명문 고등학교를 강남으로 이주시켜 강남 시대를 완성한 것이다.

2012년 7월 1일 공식 출범한 세종시를 보면 아버지 혹은 어머니는 공무를 위해 세종에서 근무하는데, 자녀들은 교육문제로 서울에 거주하는 경우가 많다. 이제 출범한 지 12년 된 세종시는 글로벌 시대에 걸맞은 인재를 길러내는 산실로 발전할 것 같다.

매년 행정고시 등 국가공무원 시험에 합격한 사람 80%가 세종에 있는 정부청사로 발령이 난다. 교육 때문에 가족이 떨어져 지내야 하는 현실과 국가를 경영해야 하는 인재들이 교육문제로 세종에 살기를 꺼린다면 이는 보통 문제가 아니다.

따라서 세종시는 글로벌 시대에 걸맞은 인재를 길러내기 위해 각각 개인의 특성에 맞는 대안학교를 만들고 교육부에서는 대안학교에 학력을 인정하고 재정을 지원하는 등 파격적인 혜택을 주어 젊은이들이 와서 살고 싶은 최고의 도시로 만들 것 같다.

아울러 세종에서 근무하다 퇴직하는 공무원들은 대체로 세종에 머물러 살 가능성이 매우 크다. 도시는 젊어지며 지적 수준이 높아지는 그야말로 명품도시가 눈앞에 와 있다.

지난 2013년 개발된 청사지구에 있는 단독주택지를 LH에서 평당 300만 원에 분양했는데 당시 미분양 되었다. 그랬던 택지가 2024년 현재 평당 1,000만 원을 훨씬 웃도는데 LH는 남아있는 단독주택지를 분양할 계획이 없는 것 같다. 이는 도시가 어떻게 발전하는지 잘 알고 있기 때문에 기다리는 것이다.

따라서 독자 여러분이 투자를 잘하려면 최단기간에 최고의 수익을 내려고 하는 마음에서 한 걸음 물러서서 호흡을 길게 갖는 것이 중요하다. 얼른 많은 수익을 내려고 하면 자꾸 계산하게 되고, 그렇게 하다 보면 토지의 본질은 사라지고 숫자만 남게 되어 사실도 아닌 허수와 싸움을 하게 된다.

예를 들면 얼마 지나서 얼마 남는다고 치자. 그러면 '세금 내고, 뭐 내고, 별것 없네!' 하며 실망한다. 하지만 호흡을 길게 하면 도시의 발전상황이 눈에 들어온다. 그러면 '이 땅은 어떤 용도로 쓰이겠구나! 그때쯤이면 얼마 정도의 가치가 되겠구나!' 하는 감이 오고, 다른 사소한 것들은 사라지며 마음속에는 확신이 생긴다.

일테면 '도시가 이렇게 발전하며 확장되어 나오니 이쯤까지는 5~6년 걸리겠구나! 여기는 상가를 지을 수 있는 땅이니 선점해두 었다가 그때쯤 상가를 지어서 세를 놓으면 큰 수익을 낼 수 있겠 구나! 혹은 일조량도 풍부하고 경치도 좋은 이 땅은 집터로서는 최고의 위치다. 나중에 집을 짓고 텃밭도 가꾸며 살면 좋겠구나!'

이렇게 마음이 따뜻해지며 희망이 생기게 되는 것이다.

■ 우공이산(愚公移山)의 이야기가 생각난다.

태형산과 황옥산은 사방이 칠백 리에 높이가 일만 길이인 큰 산이다. 두 산은 지금과 다른 곳에 있었는데, 기주 남쪽과 하양 북쪽 사이에 있었다. 나이가 90세가 다 된 우씨 성을 가진 '우공'이라는 사람이 이 두 산이 마주 보는 곳에 살았는데, 두 산이 북쪽을 가로막은 탓에 길을 오가려면 돌아가야 해서 몹시 불편했다. 그래서 우공은 온 집안사람을 모아놓고 "너희들과 힘을 합해서 저 산을 평지로 만들고 싶구나! 저 험한 산만 없애면 예주 남쪽으로 곧장 길이 통하고, 한수 남쪽까지 이를 수 있는데 너희들 생각은 어떠냐?" 하고 묻자, 모두 좋다고 찬성을 했지만, 오직 우공의 아내만은 반대하며 핀잔을 주었다.

"당신 나이가 얼마인지 아시오? 당신 힘으로는 작은 언덕 하나도 깎지 못할 터인데, 태형산이나 황옥산 같은 큰 산을 어찌 감당하겠소! 게다가 산에서 파낸 흙이나 돌은 어디에다 버린단 말이오?" 그러자 모두 입을 모아 말을 했다. "그건 걱정하지 마십시오. 발해 바다 끝머리에 버리면 됩니다." 이리하여 우공은 세 아들과 손자들을 데리고 산의 돌을 깨고 흙을 파냈다. 그러고는 삼

태기에 담아 발해 바다 끝머리로 날랐다.

이웃에 사는 과부댁 경성씨도 일고여덟 살인 자기 아들을 보내 그 일을 도왔다. 하지만 발해 바다까지는 워낙에 거리가 멀어 겨울과 여름이 바뀌는 동안에 겨우 한번 오갈 수 있었다. 황하 강 기슭에 사는 늙은이가 이를 보고 비웃으며, "그대는 참 어리석은 사람이요. 앞날이 얼마 남지 않은 그대의 힘으로는 산의 풀 한 포기도 없애기 어려울 텐데, 그 많은 흙과 돌을 도대체 어찌할 생각이요?" 우공이 이 말을 듣고 크게 한숨을 쉬며 대답했다. "허허, 생각이 꽉 막힌 사람이로다. 그대가 지혜롭다고 하나 내가 보기에는 과부댁 어린아이만도 못하구려. 앞날이 얼마 남지 않은 내가 죽더라도 자식이 남아있소. 그 자식이 손자를 낳고, 손자가 또 자식을 낳으며 그 자식은 또 자식을 낳고, 그 자식은 또 손자를 낳아서 자자손손 끊이지 않을 것이요. 하지만 산은 아무리 커도 더 늘어나지 않으니 언젠가는 산이 깎여 평지가 될 날이 오지 않겠소?"

황하의 늙은이는 더 대꾸할 말이 없었다. 하지만 산에 사는 신령들은 그 말에 놀라고 말았다. 돌과 흙을 파내는 일이 계속 이

어지면 언젠가 산은 없어질 테고, 신령들도 머물 곳이 없어질 터이니 큰일이 아닐 수 없었다. 그래서 옥황상제에게 이 일을 어찌하면 좋을지 물었다. 옥황상제는 그 말을 듣고 우공의 정성에 감동하여 하늘나라에서 가장 힘이 센 두 신에게 산을 등에 지게하여 하나는 삭동 땅으로, 또 다른 하나는 옥란 땅으로 옮겨놓았다.

그 후로부터 그곳 주위에는 낮은 언덕조차 보이지 않았다.

2011년 봄, 충북 옥천에서 일할 때였다. 점심을 먹고 있는데 TV에서는 동일본에 큰 지진이 나서 후쿠시마 원전이 폭발하고, 많은 사람이 희생된 재난현장을 반복해서 보여주고 있었다. 그때 '여기서 비행기로 한 시간 거리에 저렇게 큰 재난이 닥쳤는데 나는 이렇게 편안하게 지내고 있구나!' 하는 생각이 들면서 문득 '여기서 자동차로 채 한 시간도 안 걸리는 곳에 신도시가 만들어진다고 하는데 이 시골에서 뭐하고 있는가?' 하는 생각이 들었다.

'아! 그곳에는 우리 땅도 한 필지 있지 않은가. 그곳으로 가서 일을 하자.' 그렇게 해서 세종시로 오게 되었다

당시엔 첫 마을이 한창 마무리작업을 하고 첫 마을 앞 한누리대교는 아직 공사 중이었다. 나머지 현장은 펜스로 가리고 덤프트럭과 건설장비들이 바삐 움직이는, 먼지가 자욱한 벌판이었다. 금남면 용포리 일원에 있는 1층 상가는 모두 부동산 사무실이라고 해도 과언이 아닐 만큼 부동산 특화거리였다. 장기면 소재지도 이와 마찬가지였다.

신록이 우거진 초여름, 산과 들과 골짜기로 날마다 다니며 매물을 확인하고 손님을 안내하는 일들이 너무 재미있었다. 그러던 어느 날, '이렇게 남의 땅 중개만 하다가 언제 내 사업을 해보나?' 하는 생각이 들었다. '이제는 중개하는 일을 그만두고, 토지를 사서 사업을 해보자.' 하고 마음을 먹었는데 현실은 만만치 않았다.

땅값은 기본이 수억이고 공사비도 손만 대면 수천만 원 소요되는데, 부족한 재정으로 도저히 감당하기 어려웠고, 게다가 처음 장만한 토지는 길이 없는 맹지인데 앞집에서 길을 협의해주지 않아 전 재산이 묶이는 참으로 어려운 상황이었다.

그런 어려움을 극복하고 이렇게 많은 토지를 장만하고 토지에 투자하여, 풍요로운 내일을 소망하는 분들에게 필자가 경험한 얘기를 전할 수 있는 현재 위치까지 왔다는 건 모두 하나님의 은혜이다.

마지막으로 독자들께 인간적인 관점에서 몇 가지 말씀드리고 싶다.

첫째, 긍정적인 마음의 자세를 가지라고 권하고 싶다.

이는 나 편한대로 생각하는 것이 아니라 사실을 바탕에 두고 목표를 세워 할 수 있다는 마음을 가지는 것이다. 2012년 7월 1일, 세종시가 공식 출범을 했는데 전 정부인 MB 정부에서 이곳을 기업도시로 수정을 한다고 하다가 원안대로 국회를 통과했기 때문에 많은 사람들이 행정도시로서의 기능은 어렵고, 실패한 도시가 될 거라는 루머가 난무했다.

필자는 그때 생각하기를 정치적인 판단은 보류하고, 우리나라 한반도로 봤을 때 이렇게 넓은 땅을 확보한 상태에서 수도권은 과밀한데 어떻게든 수도권과 가까운 이 넓은 땅을 효율적으로 활용할 것이다. 그러면 인구가 늘어나고 비례해서 토지 수요도 늘어날 텐데 땅의 가치가 높아지는 것은 자명하다. 여기에 방점을 두었다.

둘째, 한 가지에 집중해야 한다.

2012년 당시, 세종에서 1년 이상 거주하면 아파트에 당첨될 확률이 상당히 높았다. 저녁에 사람들을 만나면 화제가 주로 아파트 P로 얼마를 남겼는지였다. 필자도 당시엔 무주택이라 청약하면 거의 100% 당첨될 수 있었다. 그러나 필자는 청약 자체를 해본 적이 없다.

어릴 때 이른 봄 아버지께서 밭을 갈러 가실 때 망으로 소 입을 가리고 소를 몰고 가시는 모습을 보고 "아버지! 왜 소 입을 망으로 가려요?" "응. 그건 아직은 이른 봄이라 소가 먹을 만큼 풀이 자라지 않았는데 소가 새 풀을 먹고 맛을 보면 지난가을에 준비해놓은 여물을 먹지 않는단다. 그래서 소가 아직 새싹인 풀을 먹지 못하도록 망으로 입을 가리는 거란다."

토지사업은 상당한 의지와 인내가 필요한데 수익을 조금 낼 수 있다고 하여, 여기저기 기웃하면 토지사업을 제대로 못 할 것 같은 판단이 섰기 때문이다.

"태초에 하나님이 천지를 창조하시니라(창1:1)"

셋째, 이 두 가지의 상황을 바탕에 두고 소망을 해야 한다.

토지란 소망을 하지 않으면 로또가 당첨되어도 사기 어렵다. 로또가 당첨되어 돈이 생기면 좋은 차는 살 수 있어도 부의 원천인 토지를 장만하기는 쉬운 일이 아니다. 토지는 창조주 하나님께서 창조한 창조물이므로 소망하는 사람에게 그 몫이 돌아간다. "나는 하나님을 믿지 않는데도 땅이 있는데요." 선생님은 하나님을 안 믿어도 땅을 소망했기 때문에 소유하고 있는 것입니다.

12년이 흐른 지금, 필자의 눈에는 이곳 세종시의 미래가 한눈에 보인다.

먼저 첫 마을을 보면 입주한 지가 10여 년 된다. 10년이 지난 지금 길 하나 건너에 나릿재마을이 있는데, 첫 마을과 비교하면 첫 마을은 구도시다.

세종국회의사당과 대통령집무실이 여야합의로 국회를 통과하고 입법이 완료되었다. 이제 이곳 세종시가 행정수도로 법적 지위를 갖게 되고, 늘어나는 인구수용을 위해서 현재 청사지구 밖으로 도시가 확장되면 첫 마을과 나릿재마을처럼 새로 만들어지는 도시는 지금 청사 지역보다도 도로는 넓고 건물의 용적률은 높아 훨씬 근사한 도시가 탄생할 것이다.

세종시는 한국의 워싱턴 DC가 된다.